IL CIELO

I

E il suo splendore era simile a quello di una pietra preziosissima, come una pietra di diaspro cristallino.

(Apocalisse 21:11)

IL CIELO

I

Luminoso e Meraviglioso come il Cristallo

DOTT. JAEROCK LEE

URIM BOOKS

IL CIELO I: Luminoso e Meraviglioso come il Cristallo
di Dott. Jaerock Lee
Pubblicato da Urim Books
235-3, Guro-dong 3, Guro-gu, Seoul, Korea

Tutte le citazioni delle Sacre Scritture - se non ove citato - sono citate dalla Nuova Diodati.

Precedenti pubblicazioni in Coreano Urim Books, Seoul, Korea.
Copyright © 2002, ISBN: 89-7557-034-7, ISBN: 89-7557-033-9(set)
Traduzione a cura di Dott. Ester K. Chung. Usato con permesso.

Prima edizione: Aprile 2010

Editing a cura di Dott. Geumsun Vin
Traduzione in Italiano e Revisione a cura di Elisabatta Alicino Maugeri
Pubblicato in Seoul, Korea da Urim Books (Rappresentato da Seongnam Vin)
Stampato in Seoul, Korea

Prefazione

*L'Iddio d'amore conduce ogni credente sulla via
della salvezza e altresì, gli rivela i segreti del cielo.*

Almeno una volta nella vita vi sarete domandati: "Dove andrò
dopo l'esistenza su questa terra? Il cielo e l' inferno esistono
realmente?."

Molte persone muoiono prima di trovare risposte a tali
domande. Altri, anche se credono "nell'al di là" non possiedono il
cielo perché non tutti ne hanno la conoscenza corretta. Il regno
dei cieli e l'inferno non sono una fantasia, ma una realtà del
mondo spirituale.

Da un lato vi è il cielo, un posto incomparabile a qualsiasi
luogo di questo mondo, in particolare la bellezza e la felicità della
Nuova Gerusalemme, dove si trova il trono di Dio, città che non
può essere descritta adeguatamente perché edificata con materiali
e maestranze a noi sconosciuti.

Dall'altro lato l'inferno, luogo tragico di punizione eterna e
dolore infinito, di cui spiego in dettaglio l'orribile realtà nel mio

altro libro "L'Inferno." Gesù e gli Apostoli ci hanno trasmesso cosa conosciamo dei cieli, ma ancora oggi, questi luoghi vengono rivelati in dettaglio attraverso uomini e donne di Dio che hanno fede sincera in Lui.

I cieli sono il luogo dove i figli di Dio godono della vita eterna e di un'infinità di altre cose inimmaginabili preparate appositamente per loro. Quando il Signore te lo permetterà, anche tu potrai conoscere questo luogo nei minimi particolari.

Per sette anni ho pregato e digiunato perché desideravo conoscere meglio il regno dei cieli, finché un giorno finalmente iniziai a ricevere risposte da Dio. Tutt'oggi Egli continua a mostrarmene i segreti profondi.

Proprio perché i cieli non sono visibili, è molto difficile descriverli con parole e conoscenze di questo mondo. Si potrebbero, infatti, venire a creare dei malintesi, ed è probabilmente questo il motivo per cui Paolo l'apostolo non descrisse in dettaglio la sua visione del paradiso e del terzo cielo.

Il Signore mi ha insegnato molti segreti sul regno dei cieli, e per parecchi mesi consecutivi le mie predicazioni hanno avuto come tema principale la vita felice che vi si conduce, i luoghi e le ricompense che i credenti avranno in paradiso secondo la misura della loro fede. Fino ad oggi però, non avevo ancora esposto in dettaglio tutto ciò che ho appreso da Lui su questo soggetto.

La ragione per cui il Signore mi permette di far conoscere le cose nascoste che ho appreso sul regno spirituale attraverso questo libro è per portare sulla via della salvezza, verso quel cielo limpido e meraviglioso come il cristallo, il maggior numero di anime possibili.

Io rendo grazie e glorifico Iddio per avermi permesso di pubblicare cielo I: luminoso e meraviglioso come il cristallo. Questo libro non è altro che la descrizione di un luogo limpido e stupendo come il cristallo, ripieno della gloria di Dio, e per questo spero che leggendolo ti renderai conto del grande amore che Egli ha per te nel mostrarti i segreti dei cieli. Che questo volume porti il maggior numero di persone possibili sulla via della salvezza e che anche tu possa appropriartene, correndo verso la meta di una vita eterna, verso la Nuova Gerusalemme.

Ringrazio Geumsun Vin, Direttore Editoriale, il suo staff e l'ufficio traduzioni per il loro duro lavoro nella pubblicazione di questo libro. Prego nel nome di Dio che attraverso questo testo molte anime giungano alla salvezza per godere della vita eterna nella Nuova Gerusalemme.

Jaerock Lee

 Introduzione

Nella speranza che ognuno di voi comprenda l'amore paziente di Dio, raggiunga la completezza di uomo spirituale e corra verso la Nuova Gerusalemme.

Rendo ogni grazie e gloria a Dio che ha condotto numerose persone alla conoscenza del reame spirituale senza errori, me compreso, attraverso questa pubblicazione (che si compone di due volumi e di un terzo libro intitolato Inferno), e mi accodo a quanti corrono verso il premio con la speranza del cielo.

Questo libro ha 10 capitoli e condurrà il lettore verso una chiara comprensione della bellezza dei vari luoghi celesti e dei premi che i credenti riceveranno secondo la loro misura di fede. In questo libro sono contenute le rivelazioni che il Signore ha fatto al reverendo Jaerock Lee attraverso l'ispirazione dello Spirito Santo.

Capitolo 1 "Cielo: Luminoso e meraviglioso come il cristallo" Una descrizione generale della felicità eterna di questo luogo incredibile dove non c'è bisogno del cielo o della luna perché pieno di luce.

Capitolo 2 "Il giardino dell'Eden ed il luogo d'attesa per il cielo"

In questo capitolo troverete dettagli sul giardino dell'Eden, le apparizioni e la vita nel giardino, per una migliore comprensione del cielo. Inoltre, in questa sezione si parla della provvidenza divina, del perché il Signore ha piantato l'albero della conoscenza del bene e del male e della "coltivazione divina degli esseri umani." Oltre a spiegare in modo chiaro in cosa consiste e come si vive nel "luogo d'attesa" dove i credenti salvati per grazia aspettano fino al giorno del giudizio e perché altri credenti entrano direttamente nella Nuova Gerusalemme.

Capitolo 3 "Il banchetto di nozze lungo sette anni"

Qui l'autore illustra il secondo avvento di Gesù Cristo, i setti anni della grande tribolazione, il ritorno del Signore sulla terra, il millennio e la vita eterna.

Capitolo 4 "I segreti del cielo"

Attraverso le parabole di Gesù scopriremo molti segreti sul cielo, su come possedere il paradiso e sui vari luoghi di dimora di cui la casa del Padre si compone.

Capitolo 5 "Come vivremo nel cielo?"

Tramite vari esempi di vita celeste, in questo capitolo sono vengono spiegati gli elementi del corpo spirituale (peso, altezza, colore dei capelli) e, in pratica come si vive nel cielo. Troverete anche un appello ad avanzare con forza verso la Meta Celeste.

Capitolo 6 "Il Paradiso"

Questa sezione chiarisce cos'è il paradiso, il livello inferiore del cielo, (sebbene sia sempre un luogo di gran lunga più bello e più felice di questo mondo), spiegando anche quali credenti vi abiteranno.

Capitolo 7 "Il primo regno dei cieli"

Descrive la vita e i premi che sono riservati ai credenti che vivranno nel primo cielo, coloro cioè, che hanno accettato Gesù provando a vivere una vita secondo la parola di Dio.

Capitolo 8 "Il secondo regno dei cieli"

Qui l'autore scava a fondo ed illustra la vita e i premi del secondo regno dei cieli dove risiederanno quelli che hanno vita una vita retta, pur non avendo raggiunto la completa santità, enfatizzando l'importanza dell'obbedienza e dei compiti che ogni credente deve svolgere.

Capitolo 9 "Il terzo regno dei cieli"

Questa sezione descrive la bellezza e la gloria del terzo regno dei cieli, che non può essere comparato al Secondo Regno. Nel terzo regno vi dimoreranno solo quelli che hanno gettato via i loro peccati e la loro stessa natura peccaminosa,attraverso l'aiuto dello Spirito Santo ed il proprio impegno. Poi, scopriremo di più sull'amore di Dio e perchè permette le prove.

Capitolo 10 "La Nuova Gerusalemme"

Infine, l'autore presenta la Nuova Gerusalemme, il luogo più bello e glorioso del cielo, dove si trova il trono di Dio, descrivendo quali sono i credenti che avranno accesso alla Città Santa. Questo capitolo termina fornendo ai lettori una speranza attraverso degli esempi.

Dio ha preparato per i Suoi eredi adorati il cielo, un luogo luminoso e meraviglioso come il cristallo. Egli vuole che il maggior numero di persone siano salvate perché non vede letteralmente l'ora di poter incontrare i suoi figli e vederli entrare nella Nuova Gerusalemme.

In nome di Dio, io spero che tutti i lettori di questo libro comprendano appieno quanto è grande l'amore del Signore, cercando di crescere spiritualmente fino ad essere completi, per correre vigorosamente verso la Nuova Gerusalemme.

Geumsun Vin
Direttore Editoriale

 Indice

Capitolo 1

Cielo: Luminoso e meraviglioso come il cristallo

Poi mi mostrò il fiume puro dell'acqua della vita, limpido come cristallo, che scaturiva dal trono di Dio e dell'Agnello. E in mezzo alla piazza della città e da una parte e dall'altra del fiume si trovava l'albero della vita, che fa dodici frutti e che porta il suo frutto ogni mese; e le foglie dell'albero sono per la guarigione delle nazioni. E qui non ci sarà alcuna maledizione; in essa sarà il trono di Dio e dell'Agnello e i suoi servi lo serviranno; essi vedranno la sua faccia e porteranno il suo nome sulla loro fronte. E qui non ci sarà più notte alcuna e non avranno bisogno di luce di lampada né di luce di sole, perché il Signore Dio li illuminerà, ed essi regneranno nei secoli dei secoli.

- Apocalisse 22:1-5

Molte persone si chiedono, "Ma che tipo di luogo è quello in cui vivremo una vita felice ed eterna?". Se ti è mai capitato di ascoltare le testimonianze di quelli che sono stati rapiti in cielo, avrai anche sentito che la maggior parte di loro è passata

1

attraverso un lungo tunnel. Questo perché il regno dei cieli si trova in un reame spirituale che è molto diverso dal mondo nel quale tu vivi.

Quelli che come noi vivono sulla terra, che è tridimensionale, non possono comprendere il cielo in dettaglio, infatti, puoi afferrare questo altro mondo meraviglioso che sta al di sopra del nostro unicamente quando il Signore te ne rivela la sostanza o quando i tuoi occhi spirituali vengono aperti. Se arriverai ad una conoscenza più profonda del reame spirituale che ci sovrasta, non solo la tua anima gioirà grandemente, ma la tua stessa fede crescerà rapidamente e diverrai un figlio amato. Gesù ci ha mostrato i segreti del cielo attraverso le molte parabole che ha raccontato durante il suo ministerio terreno e Giovanni l'apostolo ci ha svelato il cielo in dettaglio nell'Apocalisse.

Che genere di luogo è quindi il cielo e come vi si vivrà? Nelle righe che seguono daremo una breve occhiata a questo posto così limpido e bello come il cristallo che Dio ha preparato per i suoi figli, dove condividere appieno il Suo amore con loro per tutta l'eternità.

Nuovo cielo e nuova terra

Il primo cielo e la prima terra che Dio aveva creato erano limpidi e stupendi proprio come il cristallo, ma a causa della disubbidienza di Adamo, il primo uomo, sono ora sotto la maledizione. Inoltre, l'industrializzazione rapida ed irresponsabile, lo sviluppo della scienza e della tecnologia, hanno inquinato la terra in modo irreparabile, tantè che sempre più persone chiedono una maggiore attenzione ai temi della protezione dell'ambiente della natura.

Perciò, quando il tempo sarà maturo, Dio accantonerà il primo cielo e la prima terra per rivelare un cielo nuovo ed una terra nuova. Anche se il globo su cui viviamo oggi è ormai marcio di inquinamento è tuttavia ancora necessario per far crescere i veri figli di Dio che possono entrare, ed entreranno nel cielo.

All'inizio, Dio creò la terra e poi l'uomo, donandogli il giardino dell'Eden e la massima abbondanza e libertà. Adamo poteva fare tutto ma proprio tutto quello che voleva, tranne mangiare il frutto dell'albero della conoscenza del bene e del male. Tuttavia, gli uomini violarono l'unica cosa Dio aveva chiesto loro di non fare e di conseguenza furono relegati fuori dal giardino su questa terra, il primo cielo e la prima terra.

Siccome Egli sapeva che la razza umana era destinata alla morte, preparò un piano di redenzione tramite Gesù Cristo, che l'Onnipotente inviò sulla terra a tempo debito.

Così che chiunque accetti Gesù Cristo crocifisso e risorto sia trasformato in una nuova creatura tale da poter entrare e vivere nel nuovo cielo e nella nuova terra, per godere della vita eterna.

Firmamento blu del nuovo cielo limpido come il cristallo

Il firmamento del nuovo cielo che Dio ha preparato si compone esclusivamente di aria pura, al contrario di quello in cui oggi noi viviamo. Immagina un cielo terso, pulito, dove le nuvole sono pure e bianche. Che meraviglia!

Ma allora perché questo nuovo firmamento è ancora blu? Spiritualmente, il colore blu ci ispira sentimenti di profonda purezza. L'acqua è pura, e nel suo riflesso blu ci sembra ancora più tersa. Guardare verso l'alto e trovare il cielo blu rinfresca il cuore. Dio ha creato il cielo di questo mondo proprio di colore blu perché ha ripulito il tuo cuore dandoti un sentimento che cerca il suo Creatore. Se potete confessare, guardando il cielo limpido e blu: "il mio Creatore deve essere lassù. Ha reso tutto così bello!" il vostro cuore sarà pulito e sarete "costretti" a condurre una buona vita.

E se il cielo fosse interamente giallo? Invece di sentirsi confortata, la gente si sentirebbe a disagio e confusa, forse alcuni potrebbero persino soffrire di problemi mentali. E' risaputo che la mente umana si può commuovere e rianimarsi, o confondersi, secondo i diversi colori in cui è immersa. Ecco perchè il Signore creerà un'altra volta il nuovo cielo di colore blu e le nubi bianche e pure, disponendo il tutto in modo che i suoi figli possano vivere felicemente ed avere dei cuori limpidi e meravigliosi come il cristallo.

La Nuova Terra, creata solo con oro puro e gioielli

Come sarà la nuova terra? Sul nuovo mondo, la nuova terra che il Signore renderà pulita e limpida come cristallo, non c'è la polvere, perchè gli elementi principali di cui si compone sono oro puro e gioielli. Come sarà affascinante vivere nel cielo dove ci sono strade splendenti fatte di oro zecchino e di gemme preziose!

Il mondo in cui viviamo ora si compone di terra, che può cambiare col tempo, trasformazione che ci lascia sapere che esiste la morte. Infatti, il Signore ha permesso che tutte le piante crescano, portino frutto e periscano nel terreno stesso da cui provengono, in modo che tu possa renderti conto che la vita su questa terra ha un inizio e una fine.

Il cielo, invece, è realizzato con oro puro e gioielli che non cambiano mai, proprio perché il cielo è un mondo reale ed eterno, e, proprio come le piante crescono su questa terra, cresceranno anche nel cielo, senza però morire o estinguersi.

Nella nuova terra persino le colline ed i castelli sono fatti di oro e di pietre preziose, che splendore e che meraviglia! Dovreste ricercare la fede vera e forte in modo da non perdere tali bellezza e felicità celesti, così inesprimibili con parole umane.

Scomparsa del primo cielo e della prima terra

Che cosa accadrà al primo cielo ed alla prima terra quando il nuovo cielo e la nuova terra compariranno?

"Poi vidi un gran trono bianco e colui che vi sedeva sopra, dalla cui presenza fuggirono il cielo e la terra, e non fu più trovato posto per loro." (Apocalisse 20:11)

"Poi vidi un nuovo cielo e una nuova terra, perché il primo cielo e la prima terra erano passati, e il mare non c'era più." (Apocalisse 21:1)

Quando il genere umano coltivato su questa terra sarà giudicato secondo il bene o il male che ha compiuto, il primo cielo e la prima terra passeranno via. Ciò significa che non spariranno completamente ma che, probabilmente, sarà loro assegnato un altro posto.

Ma perchè Dio sposterebbe il primo cielo e la prima terra invece di eliminarli completamente? Verosimilmente perché i suoi figli, che già vivono nel cielo, potrebbero averne nostalgia. Sebbene sulla prima terra si sia sofferto, essendo stata la loro casa, potrebbero averne malinconia ed in funzione di questo, l'Iddio di amore li trasferisce in un'altra parte del cosmo, senza eliminarli completamente.

L'universo in cui vivete è un mondo infinito e ce ne sono tanti altri. Così il Signore sposterà il primo cielo e la prima terra verso un angolo di questi immensi universi in modo che i suoi figli possano visitarlo se ne sentiranno la necessità.

Non esistono lacrime, dispiacere, morte e malattie

Il nuovo cielo e la nuova terra, in cui i figli di Dio salvati per grazia vivranno, non avranno alcuna maledizione e sono pieni di felicità. In Apocalisse 21:3-4, scoprite che qui non ci sono lacrime, dispiacere, morte, dolore, o malattie perché qui vive il Signore.

"E udii una gran voce dal cielo, che diceva: «Ecco il tabernacolo di Dio con gli uomini! Ed egli abiterà con loro; e essi saranno suo popolo e Dio stesso sarà con

*loro e sarà il loro Dio. E Dio asciugherà ogni lacrima
dai loro occhi, e non ci sarà più la morte né cordoglio né
grido né fatica, perché le cose di prima son passate»."*

Immaginate quanto triste sarebbe se foste affamati e perfino
i vostri figli piangessero perché in preda alla denutrizione. A
cosa servirebbe se qualcuno venisse da voi dicendovi "Sei così
affamato che arrivi a piangere, poverino..." ed asciugasse le vostre
lacrime senza darvi qualcosa da mangiare? A niente. Solo dopo
che qualcuno provvederà del cibo per voi e la vostra famiglia le
vostre lacrime e quelle dei vostri figli si fermerebbero.

Allo stesso modo, dire che il Signore asciugherà ogni lacrima
dai vostri occhi significa che siete stati salvati ed andrete in cielo,
dove non ci saranno più preoccupazioni perché nel cielo, non ci
sono lacrime, dispiacere, morte e dolore.

Sia che crediate o meno in Dio, incontrerete comunque un
certo livello di dispiacere su questa terra, pensate alla gente del
mondo che si addolora così tanto anche solo per una piccola
mancanza. Il dolore dei cedenti è anche maggiore al pensiero di
coloro che devono ancora giungere alla salvezza.

Una volta che sarete in cielo, tuttavia, non dovrete più
preoccuparvi della morte, o di quanti vivono nel peccato e
cadono nella morte eterna, non soffrirete più perché lì il peccato
non c'è, e per questo in cielo non esiste il dolore.

Su questa terra, quando siete tristi, gemete e singhiozzate. Nel
cielo, tuttavia, non vi sarà più il pianto, perché non esisteranno
malattie o preoccupazioni, ci sarà soltanto felicità eterna.

Il fiume dell'acqua della vita

Nel cielo, il fiume dell'acqua della vita, limpido come il cristallo, fluisce nel mezzo della via principale. Apocalisse 22:1-2 spiega com'è questo fiume dell'acqua della vita e, solo immaginandolo, dovreste già essere felici.

> *"Poi mi mostrò il fiume puro dell'acqua della vita, limpido come cristallo, che scaturiva dal trono di Dio e dell'Agnello. E in mezzo alla piazza della città e da una parte e dall'altra del fiume si trovava l'albero della vita, che fa dodici frutti e che porta il suo frutto ogni mese; e le foglie dell'albero sono per la guarigione delle nazioni."*

Ho nuotato una volta in un mare molto trasparente del Pacifico e l'acqua era così limpida che potevo vedere chiaramente le piante ed i pesci sul fondo. Era tutto così bello che ed io ero felicissimo di essere immerso in un ambiente così pulito. Se già qui sulla terra solo guardando a dell'acqua fresca e pulita, il vostro cuore si rigenera e si sente più puro, quanto più felice sarete nel cielo dove il fiume dell'acqua della vita, che è limpido come il cristallo, fluisce nella strada principale!

Il fiume dell'acqua della vita

Quando guardate il mare nitido, qui sulla terra, il sole si riflette sulle onde e splende in modo incantevole regalandovi sensazioni di bellezza e benessere. Il fiume dell'acqua della vita, nel cielo, sembra blu da lontano, ma se lo guardate da vicino, è chiaro, bello, senza sporcizia, così puro che l'unico modo in cui può essere definito è proprio "limpido come il cristallo."

Perchè questo fiume dell'acqua della vita fluisce dal trono del Signore e dell'Agnello? Spiritualmente, l'acqua simboleggia la parola del Signore, che è il cibo di vita e voi tramite essa guadagnate la vita eterna. Gesù dice in Giovanni 4:14, *"chiunque beve dell'acqua che gli darò non avrà mai più sete in eterno; ma l'acqua che io gli darò diventerà in lui una fonte di acqua zampilla in vita eterna."* La Parola è l'acqua della vita eterna che vi dona vita ed ecco perchè l'il fiume dell'acqua della vita scaturisce dal trono del Signore e dell'Agnello.

Ma l'acqua della vita avrà sapore? Certo. È dolce, ma non si può spiegare in parole umane perchè non esiste nulla di simile in questo mondo: è un'acqua che una volta bevuta vi rigenera. Il Signore aveva dato l'acqua della vita agli esseri umani, ma dopo la caduta di Adamo, anche l'acqua di questa terra è stata maledetta insieme a tutte le altre cose. Da allora, nessuno più ha mai potuto assaggiare l'acqua della vita. Potrete assaporarla solo dopo che andrete in cielo. Su questa terra l'acqua che beviamo è inquinata e forse per questo molte persone preferiscono bevande artificiali, le bibite anziché l'acqua. Al stesso modo, l'acqua di questa terra non vi darà mai la vita eterna, ma l'acqua della vita nel cielo, la parola del Signore, quella si che dona la vita eterna. È più dolce del miele e delle sgocciolature del favo ed inoltre, fortifica il vostro spirito.

Il fiume scorre tutt'intorno al cielo

Il fiume dell'acqua della vita che scorre dal trono del Signore e dell'Agnello ha la stessa funzione del nostro sangue che mantiene la vita circolando nel corpo. Fa il giro dell'intero cielo, scorre nella via principale e ritorna al trono del Signore. Ma perchè, proprio questo percorso?

In primo luogo, il fiume dell'acqua della vita è la strada più facile da seguire per arrivare al trono del Signore. Di conseguenza, per andare alla Nuova Gerusalemme lì dove si trova il trono di Dio, seguite la strada di oro puro che costeggia il fiume.

In secondo luogo, la via per il cielo è contenuta nella parola di Dio e potete arrivarvi soltanto seguendo questo cammino, questa strada. Poiché Gesù dice in Giovanni 14:6, *"io sono la via la verità e la vita; nessuno viene al Padre se non attraverso me"*, vivendo secondo la parola del Signore, entrerete sicuramente nel cielo dove la parola di Dio, il fiume dell'acqua della vita, scorre.

Allo stesso modo, il Signore ha progettato il cielo in modo che seguendo il fiume dell'acqua della vita potete arrivare alla Nuova Gerusalemme, la casa del trono di Dio.

Sabbia d'argento e d'oro sulla riva del fiume

Cosa c'è sui lati del fiume dell'acqua della vita? Innanzi tutto immense spiagge di sabbia d'oro e d'argento, rena così sottile e fine che non resterà attaccata ai vostri vestiti.

Inoltre, ci sono molte panchine comode, decorate con oro e

gioielli, dove vi potrete sedere con i vostri amici, conversare di cose futili mentre angeli gentili sono a vostra disposizione.

Sulla terra, gli angeli sono esseri da ammirare, ma nel cielo vi chiameranno "padrone" e saranno a vostra disposizione per servirvi. Se desiderate mangiare un certo tipo di frutta, l'angelo ve la porterà immediatamente, in un cestino decorato da gioielli e fiori.

Inoltre, da entrambi i lati del fiume dell'acqua della vita crescono fiori multicolore, uccelli, insetti ed animali da compagnia, ed anche questi sono al vostro servizio, con loro potrete condividere amore ed affetto. Quanto meraviglioso è il cielo e il fiume dell'acqua della vita!

L'albero della vita da ogni lato del fiume

Apocalisse 22:1-2 spiega dettagliatamente l'albero della vita che si trova su ogni lato del fiume.

> *"Poi mi mostrò il fiume puro dell'acqua della vita, limpido come cristallo, che scaturiva dal trono di Dio e dell'Agnello. E in mezzo alla piazza della città e da una parte e dall'altra del fiume si trovava l'albero della vita, che fa dodici frutti e che porta il suo frutto ogni mese; e le foglie dell'albero sono per la guarigione delle nazioni."*

Perché il Signore ha disposto l'albero della vita che fa dodici raccolti di frutta su ogni lato del fiume?

11

Innanzi tutto, il Signore vuole che i suoi figli entrando nel cielo percepiscano chiaramente la bellezza della vita celeste, altresì l'albero serve anche a ricordare che nell'agire secondo la Parola, si producono i frutti dello Spirito Santo, ma pure che sulla terra si è mangiato del cibo guadagnandoselo con il sudore della propria fronte.

Dovete comprendere una cosa a questo punto. Produrre dodici raccolti non significa che un albero porta dodici raccolti ma che dodici differenti alberi portano ognuno un raccolto. Nella Bibbia è chiaro che le dodici tribù d'Israele sono state formate attraverso i dodici figli di Giacobbe e che per mezzo delle dodici tribù è stata configurata la nazione di Israele e le nazioni che accettano il cristianesimo sono state erette dappertutto. Anche Gesù ha selezionato dodici discepoli ed il vangelo è stato predicato a tutte le nazioni attraverso di loro e dei loro discepoli.

Di conseguenza, i dodici raccolti dell'albero della vita simbolizzano che chiunque, da qualsiasi nazione provenga, se segue la fede, può produrre i frutti dello Spirito Santo ed entrare nel cielo.

Se mangiate la frutta succulenta e colorata dell'albero di vita, ne sarete rinfrescati, vi sentirete più felici, anche perché, non appena cogliete un frutto, un altro lo sostituisce, così non si esauriranno mai. Le foglie dell'albero della vita sono di un verde intenso e lucidissimo, e lo rimarranno per sempre perché non cadono e ovviamente, non sono da mangiare. Queste foglie verdi e lucenti sono molto più grandi delle foglie degli alberi di questo mondo e si sviluppano in un modo molto ordinato.

Il trono del Signore e dell'Agnello

Apocalisse 22:3-5 illustra la posizione del trono del Signore e dell'Agnello: nel mezzo del cielo.

"E qui non ci sarà alcuna maledizione; in essa sarà il trono di Dio e dell'Agnello e i suoi servi lo serviranno; essi vedranno la sua faccia e porteranno il suo nome sulla loro fronte. E qui non ci sarà più notte alcuna e non avranno bisogno di luce di lampada né di luce di sole, perché il Signore Dio li illuminerà, ed essi regneranno nei secoli dei secoli." (Apocalisse 22:3-5)

Il trono è nel mezzo del cielo

Il cielo è il posto eterno in cui il Signore regna con amore e giustizia, proprio al centro del cielo, c'è la Nuova Gerusalemme, e al suo interno vi è il trono del Signore e dell'Agnello, vale a dire Gesù Cristo (Esodo 12:5; Giovanni 1:29; 1 Pietro 1:19).

Non tutti possono entrare nel luogo in cui vive il Signore, perché si trova in uno spazio di un'altra dimensione dalla Nuova Gerusalemme, ed inoltre, il trono del Signore è ancora più bello e più luminoso della Nuova Gerusalemme stessa.

Il trono di Dio, nella Nuova Gerusalemme, è il luogo dove Egli scende quando i suoi figli lo adorano o quando Lui banchetta con loro. Apocalisse 4:2-3 indica in che modo il Signore siede sul suo Trono.

"E subito fui rapito in spirito; ed ecco, un trono era posto nel cielo e sul trono stava uno seduto. E colui che sedeva era nell'aspetto simile a una pietra di diaspro e di sardio; e intorno al trono c'era un arcobaleno che rassomigliava a uno smeraldo." (Apocalisse 4:2-3).

Intorno al trono siedono i ventiquattro anziani, coperti di indumenti bianchi e corone dorate sulle loro teste, davanti al trono aleggiano i Sette Spiriti di Dio ed il mare di vetro, limpido come il cristallo. Nel centro ed intorno al trono si muovono le quattro creature viventi, numerosi spiriti e gli angeli celesti.

Inoltre, il trono del Signore è coperto di luci, è così bello, stupendo, maestoso, ed enorme, va oltre la comprensione umana. Oltre al resto, alla destra del trono di Dio c'è il trono dell'Agnello, il nostro Signore Gesù, definitivamente differente dal trono di Dio, anche se il Padre, il Figlio e lo Spirito Santo,—la Trinità—hanno lo stesso cuore, caratteristiche e potere.

Ulteriori particolari riguardo il trono del Signore saranno spiegati nel secondo libro "Cielo II - Riempito con la Gloria di Dio."

Nessuna notte e nessun giorno

Il Signore regna sui cieli e sull'universo con amore e giustizia dal suo trono che brilla di meravigliosa e gloriosa luce santa, dal centro dei cieli e al suo fianco c'è il trono dell'Agnello, che altresì risplende di luce gloriosa. Di conseguenza, il cielo non ha bisogno del sole o della luna o di qualunque altra luce o di elettricità per illuminarsi, per questo, non ci saranno né notte né giorno.

A questo proposito, Ebrei 12:14 ci sprona a *"perseguire la pace con tutti gli uomini e la santificazione senza la quale nessuno vedrà il Signore."* Gesù in Matteo 5:8 promette che *"...benedetti sono puri di cuore, perché questi vedranno il Signore."*

Solo quei credenti che eliminano tutto il male dai loro cuori ed obbediscono alla parola di Dio completamente possono vedere il viso del Signore, e, somigliandoli sempre di più, riceveranno benedizioni in questo mondo e vivranno più vicino al trono del Signore nel cielo.

Che felicità poter vedere il viso del Signore da vicino, servirlo e condividere il suo amore per sempre! Tuttavia, proprio come non si può guardare il sole direttamente a causa della sua luminosità, coloro il cui cuore non assomiglia a quello del Signore non potranno vederlo da una distanza ravvicinata.

Vera felicità per sempre nel cielo

Potete godere di vera felicità in qualsiasi cosa facciate nel cielo perché il cielo è il dono che Dio ha preparato con immenso amore per i suoi figli. Gli angeli serviranno i figli di Dio, come dice Ebrei 1:14, *"Non sono essi tutti spiriti servitori, mandati a servire per il bene di coloro che hanno da ereditare la salvezza?."* Tuttavia, proprio perché diversi credenti hanno misure differenti di fede, la grandezza e la forma delle dimore celesti, come anche il numero degli angeli a disposizione, varieranno in proporzione alla somiglianza del Signore che ogni credente ha raggiunto.

Nei cieli, i credenti saranno serviti come principi e principesse dagli angeli, i quali potranno leggere la mente del "padrone" al quale sono assegnati e quindi servirlo in qualsiasi cosa desideri. Inoltre, anche gli animali e le piante ameranno i figli di Dio e li serviranno. Gli animali nel cielo obbediranno senza riserve, serbando ai salvati solo gesti di affetto e gentilezze perché in cielo non esiste il male.

Ma cosa vuol dire, "le piante nel cielo"? Che ogni pianta ha un profumo incantevole ed unico: ogni volta che i figli del Signore si avvicinano, la pianta lo sprigiona copiosamente. I fiori diffondono il loro profumo migliore per i figli di Dio, spargendo l'essenza persino a distanza, e, come per le foglie ed i frutti, anche il buon odore si rigenera non appena viene elargito.

Inoltre, i frutti dei dodici alberi della vita hanno gusti diversi, tali che quando li mangiate ne sarete rinfrescati e felici. Non esistono sul globo terrestre prodotti della terra simili.

Differenti dalle piante di questa terra sono anche i fiori del cielo, che sorridono, ballano e conversano con i figli di Dio.

Anche se qualcuno raccoglie un fiore, la pianta non ne sarà danneggiata perché il potere del Signore la ristabilisce immediatamente. Il fiore, come anche i frutti, si dissolvono nell'aria attraverso il respiro di chi li odora o li mangia.

Ci sono quattro stagioni nei cieli e la gente potrà godere del cambiamento delle stagioni, dilettandosi delle caratteristiche speciali di ogni periodo: primavera, estate, autunno ed inverno.

Ora sarebbe legittimo chiedermi, "...ma allora anche in cielo soffriremo del caldo estivo e del freddo invernale?" Il clima dei cieli, ciò nonostante, si determina in base al compiacimento perfetto dei figli di Dio, in modo che vivano sereni, senza fastidiose escursioni termiche. Anche se in effetti il corpo spirituale non "sente" né il caldo né il freddo, può comunque percepire l'aria gelida o afosa.

In autunno, ad esempio, si gioirà delle foglie colorate che cadono dagli alberi, in inverno della neve bianca e soffice, sperimentando una bellezza assolutamente superiore a qualunque scenario naturale di questo mondo. La ragione per cui il Signore ha mantenuto le quattro stagioni nel cielo è per lasciare sapere ai suo figli che tutto ciò che desiderano è sempre pronto per la loro felicità. Un altro esempio dell'amore del Signore, che ci soddisfa anche nella eventuale nostalgia di questa terra in cui siamo coltivati fino a al momento di diventare veri figli di Dio.

I cieli si trovano nel mondo "quadri-dimensionale" e non possono essere confrontati con il pianeta terra, sono ripieni dell'amore e del potere di Dio, vi si svolgono infiniti ed inimmaginabili eventi cd attività. Imparerete di più sulla vita eternamente felice che i credenti condurranno nel cielo leggendo il capitolo 5.

Soltanto quelli i cui i nomi sono registrati nel libro di vita dell'Agnello possono entrare nel cielo. Come scritto in Apocalisse 21:6-8, soltanto chi beve l'acqua della vita e diventa figlio di Dio può ereditare il regno di Dio.

E mi disse ancora: «È fatto! Io sono l'Alfa e l'Omega, il principio e la fine; a chi ha sete io darò in dono della fonte dell'acqua della vita. Chi vince erediterà tutte le cose, e io sarò per lui Dio ed egli sarà per me figlio. Ma per i codardi, gl'increduli, gl'immondi, gli omicidi, i fornicatori, i maghi, gli idolatri e tutti i bugiardi, la loro parte sarà nello stagno che arde con fuoco e zolfo, che è la morte seconda». (Apocalisse 21:6-8)

«Temi Dio e osserva i suoi comandamenti, perché questo è il tutto dell'uomo.» (Ecclesiaste 12:13). Se non temete il Signore e non osservate la sua Parola, continuando a peccare, non entrerete nel cielo. Il nostro buon senso ci dice anche che i malvagi, gli assassini, gli adulteri, i maghi e gli adoratori di idoli, inderogabilmente anche loro non andranno in cielo. Hanno ignorato il Signore, hanno servito demoni ed hanno creduto in dii stranieri, hanno seguito Satana, il nemico, il diavolo.

Ma non solo, anche coloro che mentono al Signore, che lo ingannano, che bestemmiano contro lo Spirito Santo, non gusteranno mai il cielo. Come spiego nel mio altro libro "Inferno", questa gente soffrirà di una punizione eterna.

Ecco perchè prego nel nome del Signore che seguendo la parola di Dio accettiate Gesù Cristo come Salvatore, guadagnandovi così il diritto di essere suoi figli, ma anche la possibilità di godere della felicità eterna dei cieli, meravigliosi e limpidi come il cristallo.

Capitolo 2

Il giardino dell'Eden ed il luogo d'attesa per il cielo

Poi l'Eterno Dio piantò un giardino in Eden, ad oriente, e vi pose l'uomo che aveva formato. E l'Eterno Dio fece spuntare dal suolo ogni sorta di alberi piacevoli a vedersi e i cui frutti erano buoni da mangiare; in mezzo al giardino vi erano anche l'albero della vita e l'albero della conoscenza del bene e del male.

- Genesi 2:8-9

Adamo, il primo uomo creato da Dio, visse nel giardino dell'Eden come spirito vivente comunicante con il Signore. Dopo molto tempo purtroppo, Adamo commise un peccato di disobbedienza, mangiando dall'albero della conoscenza del bene e del male che il Signore gli aveva proibito di mangiare. Di conseguenza, il suo spirito, il "padrone" dell'uomo, morì. Adamo fu cacciato dal giardino dell'Eden per vivere su questa terra e sia lo spirito di Adamo che quello di Eva morirono. La comunicazione con il Signore era stata tagliata. Ah, quanto deve essere mancato ad Adamo ed Eva il giardino dell'Eden, vivendo su questa terra maledetta.

L'Onnisciente Dio sapeva ben prima della disobbedienza di Adamo che lo avrebbe fatto, e preparò Gesù Cristo, aprendo così la strada della salvezza. Chiunque sarà salvato con fede erediterà il cielo, luogo meraviglioso incomparabile anche al giardino dell'Eden.

Dopo la resurrezione e l'ascesa in cielo, Gesù ha preparato un luogo d'attesa in cui i credenti salvati per fede aspettano fino al giorno del giudizio, dove Egli ha allestito delle dimore per loro. Analizziamo ora il giardino dell'Eden ed il Luogo d'attesa per capire meglio il cielo.

Il giardino dell'Eden
dove Adamo ha vissuto

Poi l'Eterno Dio piantò un giardino in Eden, ad oriente, e vi pose l'uomo che aveva formato. E l'Eterno DIO fece spuntare dal suolo ogni sorta di alberi piacevoli a vedersi e i cui frutti erano buoni da mangiare; in mezzo al giardino vi erano anche l'albero della vita e l'albero della conoscenza del bene e del male. (Genesi 2:8-9)

Il giardino dell'Eden era il territorio in cui Adamo, uno spirito vivente, avrebbe vissuto, e quindi andava creato in modo che fosse un luogo spirituale. Ma adesso, oggi, dove si trova realmente il giardino dell'Eden, la casa del primo uomo?

La posizione del giardino dell'Eden

Il Signore fa riferimento ai cieli in molti passaggi della Bibbia facendoci così sapere che esistono luoghi nel mondo spirituale oltre il cielo che vediamo con i nostri occhi nudi. La Bibbia utilizza il termine cieli per definire meglio che parla di zone appartenenti al mondo spirituale.

Ecco, all'Eterno, il tuo DIO, appartengono cieli, i cieli dei cieli, la terra e tutto quanto essa contiene. (Deuteronomio 10:14)

Egli ha fatto la terra con la sua potenza, ha stabilito il mondo con la sua sapienza e con la sua intelligenza ha disteso i cieli. (Geremia 10:12)

Lodatelo, voi cieli dei cieli, e voi acque al di sopra dei cieli. (Salmo 148:4)

Di conseguenza, dovreste capire che "cielo" non significa soltanto il cielo visibile ai vostri occhi nudi, ma è il primo cielo dove si trovano il sole, la luna e le stelle. Poi, ci sono anche il secondo ed il terzo cielo che appartengono al mondo spirituale. In 2 Corinzi 12 Paolo l'apostolo parla del terzo cielo, che è lo spazio completo in cui si trova il regno dei cieli intero, dal paradiso alla Nuova Gerusalemme.

L'apostolo era stato in paradiso, che è il luogo destinato

ai credenti con un livello minore di fede, quello più lontano dal trono di Dio. Fu lì che Paolo ascoltò i segreti del cielo, confessando che queste sono "cose che non è dato all'uomo di ripetere".

Ma che tipo di mondo spirituale è il secondo cielo? Di certo è differente dal terzo cielo, ma soprattutto è qui che si trova giardino dell'Eden. La maggior parte dei credenti pensa che il giardino dell'Eden si trovi su questa terra, molti esperti e ricercatori biblici infatti, lo hanno cercato compiendo numerosi studi archeologici intorno alla Mesopotamia, al Tigri, all'Eufrate ed un pò in tutto il Medio Oriente. Tuttavia, nessuno ha scoperto nulla finora, ed il motivo per cui non troveranno mai sul pianeta terra il giardino dell'Eden è che esso è situato nel secondo cielo, un luogo che appartiene interamente al mondo spirituale.

Inoltre, è proprio nel secondo cielo che sono stati cacciati gli spiriti maligni dopo la ribellione di Lucifero, il quale insieme al suo esercito viveva nel terzo cielo.

Genesi 3:24 dice: «*Così egli scacciò l'uomo; e pose ad est del giardino di Eden i cherubini, che roteavano da tutt'intorno una spada fiammeggiante, per custodire la via dell'albero della vita.*»

Il Signore fece questo per impedire agli spiriti malvagi di guadagnare vita eterna entrando nel giardino dell'Eden e mangiando dall'albero di vita.

I cancelli del giardino dell'Eden

Per noi è abbastanza logico capire che il secondo cielo è sopra il primo cielo ed il terzo sopra il secondo, sebbene non sia così semplice comprendere lo spazio del mondo quadrimensionale con la sola conoscenza del mondo tridimensionale. Malgrado ciò, cercheremo in questi paragrafi di intuire meglio com'è strutturato il cielo. Il mondo tridimensionale che vedete ed il cielo spirituale sembrano essere separati ma allo stesso tempo, in qualche modo, si sovrappongono e sono interconnessi, in realtà, ci sono dei veri e proprio cancelli che collegano il mondo tridimensionale con il mondo spirituale.

Anche se non potete vederli, dei cancelli collegano il primo cielo al giardino dell'Eden (che si trova nel secondo cielo), come anche ci sono cancelli che conducono al terzo cielo. Queste porte non si trovano molto in alto, ma all'incirca all'altezza delle nubi che potete vedere da un aeroplano.

La Bibbia spesso cita i cancelli del cielo (Genesi 7:11;2 Re 2:11; Luca 9:28-36; Atti 1:9; 7:56), dicendo anche che quando si aprono è possibile salire da un cielo all'altro nel mondo spirituale, e che coloro che sono salvati per fede possono arrivare su fino al terzo cielo.

Lo stesso si verifica con l'Ades e l'inferno: sono luoghi che appartengono al mondo spirituale ed anche qui ci sono cancelli a delimitarne i confini. Così quando un non credente muore, scivola giù verso l'Ades o direttamente all'inferno, varcando proprio questi cancelli.

Le dimensioni spirituali e quelle fisiche coesistono

Il giardino dell'Eden, che appartiene al secondo cielo, si

trova nel mondo spirituale, ma è differente dal mondo spirituale del terzo cielo, in quanto non è un mondo spirituale completo perché può coesistere con il mondo fisico.

Semplificando il concetto, il giardino dell'Eden è uno stadio centrale fra il mondo fisico ed il mondo spirituale. Il primo uomo Adamo era uno spirito vivente, ma aveva anche un corpo fisico, creato dalla polvere, e non solo, Adamo ed Eva, erano proliferi ed aumentavano di numero, dando alla luce dei figli proprio come facciamo noi.

> *E DIO li benedisse e DIO disse loro «Siate fruttiferi e moltiplicatevi, riempite la terra e soggiogatela, e dominate sui pesci del mare, sugli uccelli del cielo e sopra ogni essere vivente che si muove sulla terra."* (Genesi 1:28)

Dopo che Adamo mangiò dall'albero della conoscenza del bene e del male e fu cacciato fuori da questo mondo intermedio, i figli che Adamo aveva avuto nel periodo precedente alla caduta, sono rimasti nel giardino dell'Eden e vivono tutt'ora lì, come spiriti viventi e non conoscono la morte. Il giardino dell'Eden è un posto pieno di pace in cui non esiste la morte, è mantenuto in vita tramite il potere del Signore e vi si vive secondo le regole e gli ordini che Dio ha stabilito. Anche se non c'è distinzione fra il giorno e la notte, i discendenti di Adamo conoscono naturalmente quando dormire e quando riposarsi.

Il giardino dell'Eden ha caratteristiche molto simili a quelle della terra: è ricoperto di piante, animali ed insetti, ciononostante, sebbene la natura del giardino sia molto rigogliosa, non ci sono montagne alte ma soltanto colline, su cui si trovano delle costruzioni simili a delle case, dove la gente si riposa.

Adamo, i suoi figli e il loro "luogo di villeggiatura"

Il primo uomo, Adamo, ha vissuto per moltissimo tempo nel giardino dell'Eden, moltiplicandosi e rendendo numerosa la sua progenie. Siccome Adamo ed i suoi figli erano degli spiriti viventi, potevano "circolare" liberamente sulla nostra terra passando attraverso i cancelli del secondo cielo.

Poiché Adamo ed i suoi figli hanno visitato a lungo la terra, affermare che la storia del nostro pianeta risale a moltissimo tempo fa è assolutamente corretto. Il passaggio sulla terra di Adamo e della sua progenie pre-caduta, non è da confondere con i seimila anni di storia e di coltura umana.

Per rendersi conto che Adamo ed i suoi figli visitavano la terra, basta osservare con attenzione le antiche civiltà misteriose. Le piramidi e la Sfinge di Giza in Egitto, ad esempio, sono segni lasciati da Adamo e dai suoi figli, durante il loro periodo di vita nel giardino dell'Eden. Queste impronte di vita superiore, si trovano in molti posti, nel mondo intero, e sono state costruite con una scienza e una tecnologia molto più avanzate del tempo a cui risalgono, alcune non possono neanche essere imitate oggi con tutta la tecnologia moderna a disposizione.

Ad esempio, le piramidi contengono dei calcoli matematici estremamente complessi, una conoscenza geometrica ed astronomica comprensibile unicamente attraverso degli studi avanzati. Contengono molti segreti risolvibili soltanto se si conoscono esattamente le costellazioni ed il ciclo dell'universo. Alcuni ipotizzano che queste misteriose e antiche civilizzazioni siano in realtà civiltà aliene, provenienti al di fuori del nostro spazio, ma noi, che crediamo nella Bibbia, abbiamo risolto questo mistero che neanche la scienza riesce a comprendere.

L'impronta della civilizzazione dell'Eden

Nel giardino dell'Eden Adamo possedeva un'estensione inimmaginabile di comprensione e di abilità, il risultato della conoscenza che il Signore gli aveva impartito faccia a faccia, un sapere che nel tempo si accumulava sviluppandosi. Così per Adamo, che comprendeva tutta la complessità dell'universo ed aveva sottomesso la terra, non sarebbe stato davvero difficile costruire cose come le piramidi o la sfinge. Proprio perché il primo uomo ottenne la conoscenza direttamente da Dio, era entrato in possesso di cognizioni che ancora oggi la scienza moderna non ha scoperto o non riesce ad afferrare.

Alcune piramidi sono state costruite tramite le abilità e le conoscenze di Adamo, altre innalzate dai suoi figli diretti ed altre ancora sono state fabbricate da esseri umani, gente di questa terra che dopo molto tempo ha provato ad imitare le piramidi di Adamo. Infatti, le piramidi si differenziano molto in tecnologia, in quanto soltanto il primo uomo ha ricevuto l'autorità diretta del Signore per sottomettere tutta la creazione.

Adamo ha vissuto per un tempo lunghissimo nel giardino

dell'Eden, occasionalmente è anche sceso su questa terra, ma è stato cacciato fuori dal giardino in via definitiva solo dopo avere commesso il peccato della disobbedienza. Tuttavia, il Signore non ha chiuso immediatamente i cancelli che collegano la terra ed il giardino dell'Eden. Sono stati aperti per un certo lasso di tempo.

"Quando gli uomini cominciarono a moltiplicarsi sulla faccia della terra e nacquero loro delle figlie, avvenne che i figli di Dio videro che le figlie degli uomini erano belle, e presero per loro mogli tutte quelle che essi scelsero. E l'Eterno disse: «Lo Spirito mio non contenderà per sempre con l'uomo, perché nel suo traviamento egli non è che carne; i suoi giorni saranno quindi centovent'anni.» Vi erano dei giganti sulla terra a quei tempi, e anche dopo, quando i figli di Dio si accostarono alle figlie degli uomini e queste partorirono loro dei figli. Essi sono gli eroi che esistettero nei tempi antichi, sono gli uomini famosi di quei tempi." (Genesi 6:1-4)

Dopo di questo, il Signore chiuse i cancelli che collegano la terra con il giardino dell'Eden. Tuttavia, le "incursioni" non si sono arrestate completamente, sebbene fu imposto un controllo rigoroso. Consapevoli di quanto appena chiarito, quando si studiano strutture e costruzioni inspiegabili, realizzate da civilizzazioni antiche e misteriose, ci è ora facile capire che non sono altro che segni di Adamo e dei suoi figli, lasciati durante il tempo in cui potevano circolare liberamente tra la terra e il giardino.

Storia degli uomini e dei dinosauri sulla terra

A questo punto vi starete chiedendo com'è possibile che i dinosauri si siano improvvisamente estinti. La risposta corretta a questa domanda è uno degli elementi più importanti nel determinare quanto sia antica la storia degli esseri umani. Questo è un segreto che può essere risolto soltanto con la Bibbia.

Il Signore aveva realmente collocato anche i dinosauri nel giardino dell'Eden. Erano creature miti, ma sono stati cacciati fuori dal Giardino e relegati sulla terra perché anche loro piombarono nella trappola di Satana durante il periodo in cui Adamo poteva transitare liberamente avanti e indietro fra la terra ed il giardino dell'Eden. Una volta arrivati qui, i dinosauri, forzati a vivere in un ambiente diverso, furono costretti a procurarsi costantemente cibo, a differenza del giardino dell'Eden, dove tutto era abbondante. La terra non poteva possibilmente produrre abbastanza cibo per sostenere i mastodontici corpi dei dinosauri. Nel Giardino mangiavano frutta, piante, vegetali, radici a sazietà, qui, invece, iniziarono a cibarsi di carne. In breve tempo avrebbero distrutto l'ambiente e l'intera catena alimentare. Il Signore infine decise che i dinosauri non potevano più restare su questa terra e li sterminò col fuoco d'alto.

Oggi, molti esperti sostengono che i dinosauri hanno vissuto a lungo su questa terra, dicono per più di centosessantamilioni di anni. Tuttavia, nessuna teoria spiega con soddisfazione perché si siano estinti tanto velocemente. Inoltre, se questi enormi esseri si fossero evoluti nel corso di molto tempo, quanto, e cosa avrebbero mangiato?

Secondo la teoria dell'evoluzione, prima che i dinosauri comparissero, altre creature viventi di livello più basso, avrebbero dovuto esistere, anche se non ci sono reali prove scientifiche a sostegno di questa speculazione. Quando una specie animale si estingue, diminuisce di numero in un certo lasso di tempo per poi scomparire completamente. I dinosauri, tuttavia, sono spariti improvvisamente, tutti insieme.

Gli scienziati sostengono che questo è probabilmente da attribuirsi o ad un improvviso cambiamento climatico, o a un virus, o a una radiazione causata dall'esplosione di una stella, o alla caduta di un grande meteorite sulla terra. Tuttavia, se un simile cambiamento catastrofico fosse stato in grado da far sparire tutti i dinosauri, anche gli altri animali e le piante, avrebbero dovuto essere sterminate. Eppure, piante, uccelli e mammiferi sono tutt'oggi forme di vita in esistenza, e questo fatto specifico, che è una realtà, non supporta la teoria dell'evoluzione.

Anche prima che i dinosauri comparissero sulla terra Adamo e Eva hanno vissuto nel giardino dell'Eden, e a volte, scendevano anche sulla terra, infatti, abbiamo visto prima che la storia del nostro pianeta è lunga più di seimila anni.

Ulteriori dettagli su questo argomento, sono disponibili nella collezione di predicazioni intitolate "Lezioni sulla Genesi", a breve disponibili in italiano. Ed ora, passiamo alla natura stupenda del giardino dell'Eden.

La natura del giardino dell'Eden

Sei sdraiato comodamente su alberi e fiori freschi, un luce

morbida avvolge dolcemente il tuo corpo, mentre guardi nel cielo blu bianche nubi formare molteplici figure.

Un lago brilla delicatamente dal pendio, la brezza leggera dal sentore aromatico di fiori ti accarezza, sei circondato dalle persone che ami con cui conversi deliziosamente: ti senti felice.

A volte passeggi su pascoli di tenera erba o su un manto fatto di boccioli di cui senti il profumo dolce e tocchi i delicati petali, altre volte ti riposi all'ombra di un albero carico di frutti grandi e appetitosi, frutta che mangerai non appena ne avrai voglia.

Guardando meglio il lago ti accorgi che è generoso di pesci coloratissimi, così ti dirigi verso la piccola spiaggia per farti rinfrescare dalle onde seduto sulla sabbia splendida e bianchissima, e se lo vorrai, potrai anche andare a nuotare con i pesci. Cervi, conigli e scoiattoli dal manto lucido vengono verso di te comportandosi teneramente, mentre scorgi altri animali nella grande pianura che giocano pacificamente fra di loro.

Questo è il giardino dell'Eden, un luogo di pace, di gioia e di concordia. Conosco molta gente in questo mondo che in cambio di tale serenità lascerebbe volentieri tutto, fosse anche per un solo giorno.

Vita abbondante nel giardino dell'Eden

Nel giardino si può mangiare e godere di tutto quello che il giardino offre, non esistono preoccupazioni, ansie e inquietudini, al contrario si sperimentano gioia, piacere e pace, ed oltretutto, non si lavora. Poiché tutto funziona secondo le regole e gli ordini del Signore, chi soggiorna nel giardino vive di vita eterna e non si affatica neanche per un solo giorno in questioni di lavoro.

Nel giardino dell'Eden, che ha un clima simile a quello della terra in cui viviamo, si ritrovano la maggior parte delle caratteristiche geofisiche del nostro pianeta, tuttavia, non essendo inquinato e non avendo subito i cambiamenti climatici che il globo terrestre ha vissuto, mantiene la sua natura originale, pulita e rigogliosa, un ambiente ben diverso dal nostro!

Gli abitanti del giardino dell'Eden solitamente non indossano vestiti, vivono nudi, ma non si vergognano e non si comportano in modo promiscuo perché non hanno la natura peccaminosa nel loro cuore, proprio come quando un neonato gioca liberamente e senza porsi il problema di comportarsi secondo quello che gli altri pensano o dicono. Certo, l'ambiente del giardino dell'Eden è adatto a stare senza vestiti, anche perché nulla nuoce alla pelle, né insetti, né rovi!

In ogni caso, ci sono degli individui che indossano degli abiti, o per meglio dire, delle divise di riconoscimento: questi sono guide di un determinato gruppo. Infatti, nel giardino esistono ordini, regole e gruppi, ed ogni gruppo ha un leader a cui fare riferimento e da seguire. I leader indossano degli indumenti solo per essere riconoscibili, non per coprirsi, per proteggersi, o per decorarsi.

Leggendo attentamente Genesi 3:8 noterete che nel giardino dell'Eden ci sono in effetti delle alterazioni climatiche: *"Poi udirono la voce dell'Eterno DIO che passeggiava nel giardino alla brezza del giorno; e l'uomo e sua moglie si nascosero dalla presenza dell'Eterno DIO fra gli alberi del giardino."* In pratica gli abitanti dell'Eden percepiscono "la brezza", ma questa è l'escursione termica maggiore che potranno avvertire, infatti, nel giardino la temperatura, l'umidità ed il vento si mantengono costanti, in modo che nessun disagio venga causato da cambiamenti meteorologici.

Inoltre, il giardino dell'Eden non conosce il buio e la luce come li intendiamo noi, essendo circondato dalla luce di Dio il Padre, nel giardino è sempre giorno. Chi vive qui sa quando è il momento di riposarsi in base alla leggera variazione della temperatura, ma non un cambiamento drastico, semplicemente da mite a temperato.

La terra, luogo di coltivazione degli esseri umani

Il giardino dell'Eden è molto esteso, non potete possibilmente neanche immaginare quanto, è circa un miliardo di volte più grande della terra. Il primo cielo, dove si vive per settanta, ottanta anni, è praticamente infinito, va dal nostro sistema solare fin oltre le galassie a noi conosciute. Quindi, immaginate quanto possa essere esteso il giardino dell'Eden (situato nel secondo cielo) dove la popolazione si moltiplica senza mai vedere la morte.

Allo stesso tempo, per quanto bellissimo, rigoglioso ed esteso, il giardino dell'Eden non regge nessun paragone con il regno dei cieli, infatti il paradiso, che è il luogo d'attesa per il cielo, è notevolmente più incantevole e pieno di gioia. La vita eterna nel giardino dell'Eden è parecchio differente dalla vita eterna nei Cieli.

Ora quindi, attraverso un esame del piano di Dio e dei passi che hanno portato Adamo fuori dal giardino dell'Eden fin sulla terra, sarà più chiaro comprendere come il giardino dell'Eden sia diverso da dal luogo d'attesa per il cielo.

L'albero della conoscenza del bene e del male nel giardino dell'Eden

Il primo uomo, Adamo, poteva saziarsi di qualsiasi cosa desiderasse, sottomettendo l'intero creato per vivere in eterno nel giardino dell'Eden. Tuttavia, se leggete Genesi 2:16-17, il Signore comanda all'uomo: "«Mangia pure liberamente di ogni albero del giardino ma dell'albero della conoscenza del bene e del male non ne mangiare, perché nel giorno che tu ne mangerai, per certo morrai»". Il Signore aveva dato ad Adamo un'autorità tremenda per sottomettere tutta la creazione, gli aveva anche dato il libero arbitrio ed una sola rigorosa proibizione: non prendere i frutti dell'albero della conoscenza del bene e del male. Nel giardino dell'Eden c'era ogni genere di frutta colorata, succosa e squisita, tutta sotto il controllo di Adamo, potava farne ciò che voleva e mangiarne quanto desiderava.

Il frutto dall'albero della conoscenza del bene e del male, tuttavia, era un'eccezione, e certo, il Signore già sapeva che Adamo ne avrebbe mangiato, ma non lo ha messo proprio lì aspettando che Adamo peccasse. Molti fraintendono nel pensare che Dio voleva intenzionalmente mettere alla prova Adamo e per questo posizionò l'albero nel Giardino. Il Signore, infatti, non ha collocato specificatamente l'albero della conoscenza del bene e del male per mettere alla prova Adamo. Come dice Giacomo 11:3 *"sapendo che la prova della vostra fede produce costanza"*, Dio non mette alla prova nessuno.

Ma allora, perché il Signore mise quell'albero nel giardino?

Quando vi sentite gioiosi, felici, o contenti, è perché avete sperimentato le sensazioni opposte alla felicità quali tristezza, dolore, sofferenza. Allo stesso modo, se potete affermare con certezza che la verità e la luce sono buone, è perché conoscete il buio e la menzogna, e sapete anche quanto siano sbagliati.

Per quanto mentalmente sapete che bontà, amore e felicità siano meravigliose, se non conoscete questa "relatività", non potrete realmente sperimentarle.

Per esempio, potrebbe mai una persona che non è mai stata ammalata o non ha mai visto qualcuno invalido, conoscere il dolore dell'infermità fisica? No, e non si renderà neanche conto di cosa significhi essere sempre sani.

Se uno non si è mai trovato ad avere bisogno e non ha neanche visto qualcuno in povertà, quanto conosce della miseria? Nulla, e per di più non sa neanche quanto fortunato sia ad essere ricco, a non aver bisogno di niente, non proverà mai quella gratitudine propria di chi conosce veramente le ristrettezze.

Se non si apprende il reale valore di ciò che si ha, non si è neanche in grado di attribuire il valore che merita alla felicità che si conosce. Se si è provato il dolore della malattia, il dispiacere profondo causato dalla povertà, si può anche essere grati nel cuore per la contentezza che viene dall'essere sani ed abbienti.

Questa è la ragione per cui il Signore ha collocato l'albero della conoscenza del bene e del male nel giardino.

Solo fuori dall'Eden Adamo ed Eva hanno sperimentato la relatività comprendendo appieno l'amore e la prosperità che il Signore gli aveva donato, solo nell'assenza della vera felicità della vita si sono resi conto del valore di essere veri figli di Dio.

Il Signore non ha condotto espressamente Adamo su questo percorso, lo intrapreso da sé, infatti, fu Adamo che scelse volontariamente di disobbedire agendo nel suo libero arbitrio. Ma, nel suo immenso amore e per la sua giustizia, l'Eterno aveva già progettato un piano per la coltura umana.

La Provvidenza divina nella coltura umana

Una volta espulsi dal giardino, iniziando a coltivare la terra, Adamo ed Eva hanno sofferto ogni genere di dolore, di lacrime, di sofferenza, di malattia e infine anche la morte. Questo li ha però portati a conoscere la gratitudine del cuore, perché sapevano che al di là della morte ci sarebbe stata nuovamente la vera felicità, la vita eterna nel cielo.

Di conseguenza, diventare suoi figli qui, in questo tempo di coltura umana è soltanto un espressione dell'amore di Dio e del piano meraviglioso che Lui ha per il genere umano. I genitori sanno che educare i proprio figli, ed a volte anche punirli, non è mai uno spreco di tempo soprattutto se questo li rende uomini e donne di successo. Inoltre, quando i figli credono nella gloria futura, saranno pazienti e vinceranno ogni situazione difficile.

Pensando alla vera felicità che godrete nel cielo, l'essere coltivati su questa terra non sarà più difficile o doloroso, al contrario, sarete grati al Signore per avervi dato la possibilità di vivere secondo la Parola perché conoscete la gloria futura.

Alla luce di tutto questo, quali saranno quelli che il Signore considererà suoi figli più cari? Quelli che vivono rettamente secondo la sua Parola e gli sono grati, malgrado le molte difficoltà terrene, o gli abitanti del giardino dell'Eden che pur vivendo in un luogo prospero e meraviglioso non sono in grado di apprezzare quello che hanno?

Il Signore ha coltivato Adamo, una volta fuori dal giardino dell'Eden, e coltiva i suoi discendenti tuttora su questa terra per renderli suoi veri figli. Quando questa "coltivazione" sarà terminata e quando le dimore che Lui sta preparando nei cieli saranno pronte, il Signore ritornerà. Vivere nei cieli significherà vivere immersi in una felicità eterna, perché nessun luogo, neanche il giardino dell'Eden, è stupendo e felice come il cielo.

Alla luce di tutto questo, siate grati per la provvidenza divina, per il piano che Lui ha provveduto per la coltura umana, sforzandovi di diventare suoi veri figli vivendo secondo la sua Parola.

Il luogo d'attesa per il cielo

Adamo e i suoi discendenti sono destinati a morire una volta dopo di che affronteranno il giudizio universale (Ebrei 9:27). Tuttavia, lo spirito dell'essere umano è immortale: abiterà eternamente o in cielo o all'inferno. Nondimeno, lo spirito non va direttamente in cielo o all'inferno, ma rimane in una sorta di "zona di sosta", sia per il cielo che per l'inferno. Ma, che genere di posto è questo "luogo d'attesa"?

Lo spirito umano lascia il corpo al momento della morte

Quando si cessa di vivere, lo spirito lascia il corpo. Immaginate un po' che sorpresa per tutti quelli che non credono nella vita dopo la morte, abbandonare il proprio corpo e vedersi sdraiati inermi. Posso assicurarvi che anche per i credenti sarà un'esperienza molto particolare.

Il mondo quadrimensionale (quello in cui andremo) e quello tridimensionale, (quello in cui attualmente viviamo), sono molto differenti, la percezione di ogni cosa sarà diversa. Sentirete il vostro fisico leggerissimo e vi sembrerà di volare, anche se non avrete libertà illimitata anche dopo l'uscita dello spirito dal corpo.

Proprio come gli uccellini appena nati non sono in grado di volare immediatamente, sebbene abbiano le ali, anche lo spirito appena libero dal corpo avrà bisogno di un certo tempo per adattarsi al mondo spirituale ed iniziare a fare "i primi passi." Coloro che muoiono con la fede in Gesù Cristo vengono assistiti da due angeli che li portano alla "tomba superiore", dove angeli e profeti insegneranno loro importanti nozioni sulla vita nel cielo. Leggendo la Bibbia, vi rendete conto che parla di due generi di "tombe." Gli antenati della fede come Giacobbe e Giobbe dichiarano che dopo la morte se ne "scenderanno nella tomba" (Genesi 37:35; Lavoro 7:9). Korah ed i suoi, gli oppositori di

Mosè, il grande uomo di Dio, sono letteralmente caduti vivi in questa tomba (Numeri 16:33).

Luca 16 racconta la storia di un uomo ricco ed avaro e di un mendicante chiamato Lazzaro che dopo la morte sono entrambi stati condotti in luoghi d'attesa, ma diversi: il primo nel "soggiorno dei morti", e l'altro nel "seno di Abrahamo." L'uomo ricco soffre immensamente mentre Lazzaro riposa beato.

Esiste quindi un soggiorno, un luogo d'attesa per coloro che sono salvati per fede ed un altro per quanti non sono salvati. Per Korah ed i suoi uomini e per l'uomo ricco fu l'Ades, l'anticamera dell'inferno, mentre Lazzaro fu condotto dagli angeli in una "tomba superiore", nella sala d'aspetto del cielo.

Tre giorni nella "Tomba Superiore"

Nel periodo del Vecchio Testamento, coloro che erano stati salvati, aspettavano in un luogo, che qui definiremo la "tomba superiore", di cui Abrahamo, il padre della fede, era stato incaricato. Infatti, è proprio qui che aspetta Lazzaro il povero, come dice Luca 16. Dopo la resurrezione del Signore e l'ascesa in cielo, però, i suoi figli salvati per grazia non vengono più condotti in questo luogo quando muoiono. Rimangono nella "tomba superiore" per tre giorni per poi essere portati in paradiso, cioè stanno con il Signore in un luogo d'attesa per il cielo.

Come Gesù dice in Giovanni 14:2: *"Nella casa del Padre mio ci sono molte dimore; se no, ve lo avrei detto; io vado a prepararvi un posto."* Dopo la resurrezione e l'ascensione in cielo, il nostro Signore ha iniziato a preparare una dimora per ogni credente e poiché sta ancora allestendo questo posto di permanenza celeste, i credenti salvati per grazia che muoiono rimangono in un luogo d'attesa, da qualche parte nel paradiso insieme a Gesù.

Alcuni si domandano come facciano così tante persone a vivere in paradiso. Non c'è ragione di preoccuparsi. Il sistema solare a cui questa terra appartiene è un insignificante puntino rispetto alla galassia. Avete idea di quanto sia grande una galassia? Paragonata all'universo intero, una galassia è solo una macchiolina. E quindi, vi domando: avete idea di quanto sia grande l'intero universo? Per di più, l'universo in cui viviamo è solo uno tra i tanti, quindi è veramente impossibile solo immaginare la misura dell'intero spazio. Se questo mondo fisico è così grande, quanto più grande sarà il mondo spirituale?

Il luogo d'attesa per il cielo

Vorrei cercare di descrivervi il "luogo d'attesa" per il cielo dove i credenti rimangono per tre giorni di "adattamento" dopo la morte.

Quando vediamo dei paesaggi stupendi, spesso esclamiamo: "sembra il paradiso in terra" o "questa natura sembra il giardino dell'Eden!", tuttavia, nessuna bellezza di questo mondo può essere paragonata ai luoghi celesti. Nel giardino dell'Eden si vive in felicità, in pace e nella gioia, insomma, si conduce un'esistenza da sogno, sebbene solo gli esseri umani che vivono sulla terra lo pensano, infatti, una volta in cielo, non lo crederete più.

Proprio come la terra non regge il confronto con il giardino dell'Eden, quest'ultimo è incomparabile al regno dei cieli. Vi è una differenza fondamentale fra la felicità del giardino dell'Eden, che appartiene al secondo cielo, e la felicità del luogo d'attesa per il paradiso, nel terzo cielo. Questo perché gli abitanti dell'Eden non sono i veri figli di Dio, quelli da Lui con amore coltivati.

Vorrei fare un esempio per aiutarvi a comprendere questo concetto in modo più semplice. Prima dell'elettricità, i coreani utilizzavano le lampade a cherosene. Queste lanterne praticamente facevano buio paragonate alle prime lampadine a corrente, ma a quel tempo, posso assicurarvi, i lumi al cherosene erano uno strumento prezioso la notte. E' passato più di un secolo e con il progresso tutti ora usiamo forme di illuminazione elettriche e sofisticate. Per quelli abituati alle luci al cherosene, le prime lampadine a corrente erano degli strumenti stupefacenti, e di certo guardavano a tanta luminosità con occhi increduli.

Sulla falsa riga di quanto illustrato, potremmo dire che la terra è un luogo di buio completo, totalmente privo di luce, il giardino dell'Eden è dove hanno luci al cherosene ed il cielo è il luogo in cui hanno l'elettricità. Proprio come la luce del cherosene e la luce elettrica sono completamente differenti, sebbene siano entrambi strumenti di illuminazione, il regno dei cieli è completamente differente dal giardino dell'Eden.

Il luogo d'attesa confinante con il paradiso

Il luogo d'attesa per il cielo è situato proprio ai confini del paradiso, che è un posto molto grande, il luogo di dimora per coloro che hanno il livello inferiore di fede, quello più lontano dal trono del Signore.

A quelli che si trovano nel luogo d'attesa, viene impartita una conoscenza spirituale tramite i profeti, si impara sul Signore, sulla Trinità, sui cieli, sulle dinamiche del mondo spirituale, ed altre cose. Tale conoscenza è illimitata, pertanto non si finisce mai di imparare. Acquisire sapere sulle cose spirituali però non è affatto noioso o difficile, come a volte può essere studiare sulla terra: più imparate, più rimanete stupiti, più apprendete, più vi illuminate, cresce la vostra comprensione e con essa la vostra gratitudine.

Anche sulla terra, però, quelli con un cuore puro e mansueto possono comunicare con il Signore e raggiungere una conoscenza spirituale di un notevole livello. Qualcuno di questi credenti riesce anche a vedere il mondo invisibile perché i suoi occhi spirituali sono stati aperti. Oltre a ciò, alcuni comprendono le cose invisibili attraverso l'ispirazione dello Spirito Santo, il quale impartisce loro una conoscenza profonda sulla fede, sulle dinamiche che regolano la risposta alle preghiere, e su altri temi importanti, in modo che anche in questo mondo fisico, gli esseri umani possano sperimentare la potenza di Dio.

Conoscere bene argomenti relativi al mondo spirituale ed essere in grado di sperimentare queste cose nel mondo materiale, vi renderà pieni di energia, farà di voi degli uomini e delle donne felici. Immaginate allora quanto più felici e soddisfatti sarete nell'apprendere le profonde conoscenze spirituali nel luogo d'attesa per il cielo!

Notizie dal mondo

Che tipo di vita si conduce nel luogo d'attesa per il cielo?

I credenti che sono qui, vivono con la comprensione completa della vera pace ed aspettano di andare nella loro dimora celeste, non gli manca niente, godono di vera felicità e soddisfazione, non sprecano tempo, cercano di imparare più cose possibili sia dagli angeli che dai profeti, ed inoltre fra i credenti che vivono nel luogo d'attesa, vi sono anche dei leader. A tutti è proibito scendere su questa terra, di conseguenza sono tutti sempre desiderosi di sapere ciò che accade nel mondo, però non sono curiosi in modo futile, ma su argomenti relativi al regno di Dio, tipo: "...come va la chiesa che io frequentavo? Sta compiendo la missione che Dio le ha dato? Come vanno le missioni nel mondo in generale?"

Quando ricevono notizie dal mondo tramite gli angeli (i quali possono scendere sulla terra) o dai profeti della Nuova Gerusalemme, si rallegrano grandemente.

Il Signore una volta mi ha rivelato che dei membri della mia chiesa che si trovano nel luogo d'attesa, pregano per noi e aspettano di sentire notizie riguardo le nostre chiese e sono particolarmente interessati a sapere a che punto siamo con il compito datoci dal Signore, che è la missione mondiale e la costruzione di un grande santuario. Sono molto soddisfatti ogni volta che arrivano buone notizie, quando vengono a sapere che glorifichiamo il Signore organizzando evangelizzazioni e crociate sia in Korea che all'estero, gioiscono, si rallegrano, si sentono così felici che fanno festa.

Quindi, nel luogo d'attesa si vive appagati, si imparano cose nuove sul mondo spirituale, deliziandosi quando arrivano buone notizie dalla terra.

Ordine rigoroso nel luogo d'attesa per il cielo

I credenti, che dopo il giorno del giudizio dimoreranno in posti diversi nei cieli a seconda del proprio livello di fede, soggiornano tutti insieme nel luogo di attesa, ma le "gerarchie" relative alla fede di ognuno sono comunque mantenute. I credenti con un livello minore di fede mostrano il proprio rispetto a quelli con una fede maggiore abbassando la testa. Gli assetti gerarchici non sono decisi in base alla posizione che si rivestiva in questo mondo, ma dalla santificazione e dalla fedeltà al compito che Dio aveva loro assegnato sulla terra.

In questo modo, gli ordini sono mantenuti rigorosamente perché il Signore della giustizia regna nel cielo. Poiché gli assetti si decidono in base alla luminosità di ognuno, alla qualità e alla grandezza dell'amore di ogni credente, nessuno può protestare. Nel cielo tutto obbedisce all'ordine spirituale perché nelle menti dei credenti non vi è alcun male.

Le gerarchie ed i diversi assetti non richiamano nessuna obbedienza forzata, che invece procede dall'amore e dalla stima di cuori sinceri e dalla considerazione e dal rispetto reciproci. Nel luogo d'attesa per il cielo, infatti, tutti si rispettano lealmente, e coloro con un livello minore di fede, piegano la testa verso gli altri in modo naturale, perché la differenza spirituale è evidente e davanti agli occhi di tutti.

Chi non rimane nel luogo d'attesa

Tutti coloro che dopo il giorno del giudizio abiteranno in una dimora celeste, si trovano ora (o quando moriranno) al confine con il paradiso, nel luogo d'attesa per il cielo. Ci sono, tuttavia, alcune eccezioni. Infatti, quelli che vivranno nella Nuova Gerusalemme, il posto più bello dei cieli, entrano di diritto immediatamente nella città santa, aiutando nel lavoro del Signore, non soggiornano nel luogo d'attesa fino al giudizio. Questi credenti, che hanno il cuore limpido e meraviglioso come quello del Signore, vivono e vivranno sotto l'amore e la cura speciale di Dio.

Aiutano il Signore nella costruzione della Nuova Gerusalemme

In questo momento, dove si trovano i nostri padri della fede, quelli che hanno vissuto una vita santificata e fedele in tutto? Dove dimorano Elia, Enoch, Abrahamo, Mosè e l'apostolo Paolo? Vivono anche loro nel luogo d'attesa al confine tra il paradiso e i luoghi celesti? No. Questi credenti, completamente santificati ed in tutto somiglianti al Signore, sono già nella Nuova Gerusalemme. Tuttavia, proprio perché il giudizio non è ancora passato, non possono per il momento entrare nelle rispettive dimore celesti.

Ma esattamente dove nella Nuova Gerusalemme? La città santa, che misura 1500 miglia di larghezza, lunghezza e altezza, si divide in diversi spazi spirituali. Vi è il luogo per il trono di Dio, il luogo in cui si stanno costruendo delle dimore eterne ed il luogo in cui i nostri padri della fede vivono ora, mentre lavorano con il Signore.

Il compito assegnato ai padri della fede nella Nuova Gerusalemme è quello di aiutare il Signore nell'allestimento delle nostre dimore celesti. Essi desiderano grandemente entrare nelle loro residenze eterne, ma dovranno aspettare il secondo avvento di Gesù Cristo, il banchetto di nozze di sette anni ed il millennio su questa terra.

L'apostolo Paolo, che era pieno di speranza per il cielo, ha dichiarato quanto segue in 2 Timoteo 4:7-8:

"Ho combattuto il buon combattimento, ho finito la corsa, ho serbato la fede. Per il resto, mi è riservata la corona di giustizia che il Signore, il giusto giudice, mi assegnerà in quel giorno, e non solo a me, ma anche a tutti quelli che hanno amato la sua apparizione."

Coloro che combattono il buon combattimento e aspettano fiduciosamente il ritorno del Signore hanno una speranza certa della propria dimora e ricompensa celeste. Più conoscete il regno spirituale, maggiore sarà la vostra speranza ed il desiderio di vedere il cielo, che è uno dei motivi per cui ho deciso di scrivere il libro che state leggendo.

Il giardino dell'Eden nel secondo cielo e il luogo d'attesa nel terzo cielo sono molto più belli della terra, eppure, questi luoghi celesti non reggono il paragone con la gloria e lo splendore della Nuova Gerusalemme, la casa del trono di Dio.

Io prego nel nome del Signore che non solo corriate verso la Nuova Gerusalemme con la stessa fede e speranza dell'apostolo Paolo, ma che conduciate molte anime sulla via della salvezza, divulgando il vangelo anche a costo della vostra stessa vita.

ᖙ Capitolo 3 ᖚ

Il banchetto
di nozze lungo sette anni

"Beato e santo è colui che ha parte alla prima risurrezione. Su di loro non ha potestà la seconda morte, ma essi saranno sacerdoti di Dio e di Cristo e regneranno con lui mille anni."

- Apocalisse 20:6

Prima di ricevere la vostra ricompensa ed iniziare a vivere la vita eterna nel cielo, dovrete passare per il giudizio del trono bianco, e prima del giorno del giudizio, ci sarà il secondo avvento di Gesù nell'aria, il banchetto nuziale di sette anni, il Signore che ritorna sulla terra ed il millennio.

Il Signore ha preparato tutte queste cose per confortare i suoi figli, quelli che sulla terra hanno mantenuto la fede, permettendogli così di avere un assaggio del cielo.

Di conseguenza, coloro che credono nel secondo avvento del Signore, sperano di incontrarlo al più presto, non vedono l'ora di far conoscenza con lo sposo e partecipare al banchetto nuziale di sette anni ed al millennio. La parola del Signore come riportata dalla Bibbia è vera, e l'adempimento delle profezie è davanti ai nostri occhi oggi.

Ti imploro, sii un credente saggio e fai del tuo meglio, preparandoti come sua sposa, sappi che per certo se non ti troverà pronto, se non avrai vissuto secondo la Parola, il giorno del Signore verrà, ma per te sarà come un ladro di notte e sprofonderai nella morte.

Nei paragrafi che seguono studieremo dettagliatamente le cose meravigliose che i figli di Dio vivranno prima di entrare nel cielo, quel luogo limpido e meraviglioso come il cristallo.

Il Ritorno di Gesù e il banchetto nuziale di sette anni

L'apostolo Paolo scrive in Romani 10:9, *"...poiché se confessi con la tua bocca il Signore Gesù, e credi nel tuo cuore che Dio lo ha risuscitato dai morti, sarai salvato."* Per guadagnare la salvezza, non dovete soltanto confessare Gesù come vostro Salvatore ma anche credere nel vostro cuore che è morto e resuscitato dai morti.

Se non credete nella resurrezione di Gesù, non potete credere nemmeno nella vostra, come neanche nel ritorno del Signore. Se non siete certi dell'esistenza del cielo e dell'inferno, non potrete conquistare la forza che occorre per vivere secondo la Parola e di conseguenza, non guadagnerete la salvezza.

Lo scopo supremo della vita cristiana

Dice 1 Corinzi 15:19, *"...Se noi speriamo in Cristo solo in questa vita, noi siamo i più miserabili di tutti gli uomini."*

I figli di Dio, diversamente dai non credenti, vanno in chiesa, partecipano ai servizi di culto, servono il Signore in molti modi, in accordo alla Parola, spesso digiunano e pregano nel santuario del Signore, dalle prime ore della mattina fino a notte fonda, non curanti della stanchezza. Non cercano il proprio tornaconto ma servono gli altri sacrificandosi per il regno di Dio. Ecco perchè se non ci fosse il cielo, i credenti sarebbero i più miserabili di tutti gli uomini. Il Signore ritornerà per portarvi in cielo dove sta preparando un posto meraviglioso, ricompensandovi secondo quello che avete seminato e ciò che avete fatto in questo mondo.

Gesù dice in Matteo 16:27, *"...Perché il Figlio dell'uomo verrà nella gloria del Padre suo con i suoi angeli; e allora egli renderà a ciascuno secondo il suo operato."*

Renderà a ciascuno secondo il suo operato, non significa semplicemente andare al cielo o all'inferno, infatti, anche fra i credenti che andranno in cielo, la ricompensa e la gloria che riceveranno sarà diversa, secondo come hanno vissuto in questo mondo.

Alcuni sono in grande apprensione e temono al pensiero del ritorno imminente del Signore, eppure, se veramente Lo amate non solo a parole, e sperate per cielo, è naturale desiderare che ritorni al più presto. Se così non è, allora, forse non amate veramente il Signore.

Se invece lo amate, lo riceverete come vostro sposo, con grande gioia, preparandovi sin da ora come la sua sposa.

Il secondo avvento del Signore nell'aria

È scritto in 1 Tessalonicesi 4:16-17, "...*perché il Signore stesso con un potente comando, con voce di arcangelo con la tromba di Dio discenderà dal cielo, e quelli che sono morti in Cristo risusciteranno per primi; poi noi viventi, che saremo rimasti saremo rapiti assieme a loro sulle nuvole, per incontrare il Signore nell'aria; così saremo sempre col Signore.*"

Quando il Signore ritornerà, il corpo di ogni figlio di Dio si trasformerà da corpo materiale in corpo spirituale e sarà rapito nell'aria per riceverlo. I credenti morti dopo la salvezza, quelli che non gusteranno il rapimento, sono sepolti ma i loro spiriti attendendo nel paradiso. Questi sono coloro di cui si dice "addormentati nel Signore", il cui spirito si unirà al proprio corpo spirituale trasformato, per essere poi seguiti da coloro che hanno ricevuto il Signore senza vedere la morte, e tutti si riuniranno nell'aria.

Il Signore offre un banchetto di nozze nell'aria

Quando il Signore tornerà sulle nuvole, tutto ciò che è stato redento, a partire dalla creazione, lo riceverà come sposo, e tutti i suoi figli salvati per fede ne riceveranno conforto. Certamente in seguito avranno anche le ricompense celesti per le loro azioni, ma per ora, il Signore offre questo banchetto nell'aria per farsi conoscere e confortare tutti i suoi figli.

Per esempio, se il generale di una grande nazione ritorna

trionfante, che cosa farà il re? Di certo darà al generale la giusta ricompensa per i servizi prestati, una casa, un terreno, un premio monetario e perché no, una festa per celebrare i suoi servigi.

Nella stessa maniera, dopo il giorno del giudizio, il Signore darà ai suoi figli un posto dove vivere e dei premi, ma prima desidera preparare un banchetto di nozze dove i suoi figli potranno divertirsi e condividere tutti insieme questa gioia. Sebbene quello che ognuno ha fatto per il Regno di Dio in questo mondo è diverso, il banchetto offerto sarà lo stesso per tutti, per il semplice fatto di essere stati salvati.

Ma cos'è *"l'aria"*? Dove si trova questo spazio che ospiterà il banchetto nuziale per ben sette anni? Quando la Bibbia parla di *"aria"* non si riferisce al cielo che sovrasta la nostra testa. Se questa *"aria"* fosse il firmamento a noi visibile, significherebbe avere un banchetto galleggiante nella volta celeste, ed inoltre, considerato che la cena nuziale è per tutti i credenti dal tempo della creazione fino al giorno in cui il Signore ritornerà, come potrebbe il nostro cielo contenere un numero così smisurato di persone?

Sappiate oltre a ciò, che il banchetto di nozze sarà un evento progettato nei minimi dettagli, perché è ospitato dal Signore in persona, pertanto, si terrà in uno spazio da molto tempo già assegnato a questa funzione, per l'appunto, *"l'aria"*. L'*"aria"* si trova nel secondo cielo.

L'aria appartiene al secondo cielo

Efesini 2:2 *"... nei quali già camminaste, seguendo il*

corso di questo mondo, secondo il principe della potestà dell'aria, dello spirito che al presente opera nei figli della disubbidienza." Quindi, l'aria è anche il luogo in cui gli spiriti del male hanno autorità, ma non è lo stesso in cui sarà tenuto il banchetto nuziale. Il motivo per cui questi spazi vengono entrambi definiti con l'espressione *"aria"* è perché ambedue appartengono al secondo cielo. Il secondo cielo, infatti, come le altre zone dei cieli, si suddivide in aree. Questo per precisare che il banchetto sarà tenuto in un posto diverso da quello su cui hanno autorità gli spiriti maligni.

Il Signore ha creato dall'intero regno invisibile un reame spirituale chiamandolo secondo cielo e lo ha diviso in due regioni: una è *'la luce'* che appartiene al Signore, l'Eden, l'altra è *'le tenebre'*, territorio che Egli ha dato agli spiriti del male.

Il Signore creò il giardino dell'Eden, dove Adamo rimase fino a quando iniziò la coltura umana, ad est dell'Eden. Poi, permise agli spiriti maligni di rimanere nell'area chiamata *'tenebre'*. La *'luce'* e le *'tenebre'* sono rigorosamente separate.

Il banchetto nuziale di sette anni

Ma dove si terrà il banchetto nuziale? Il giardino è solo un settore dell'Eden, infatti, qui ci sono molti altri spazi, ed in uno di questi il Signore ha predisposto una superficie sconfinata, atta ad ospitare tutti i salvati e la creazione, molto più incantevole del Giardino, che ospiterà il banchetto nuziale. Fiori ed alberi stupendi, luci multicolori che splendono radianti, il tutto circondato da un natura dalla bellezza inesprimibile. Egli ha fatto costruire una residenza abbastanza grande, un castello, per tutti gli invitati, dove sarà allestito il banchetto.

Ora, vorrei invitarti proprio a visitare questo castello per il pranzo nuziale di sette anni, nella speranza che tu gioisca grandemente nel sapere di essere la sposa del Signore, che è l'ospite d'onore di questo banchetto.

Incontrare il Signore in un luogo splendente e magnifico

E dunque, sei di fronte l'ingresso del castello, è tutto illuminato e brillante, non avevi mai visto prima una luce così. Ti senti bene, ti sembra di essere più leggero di una piuma, sei un po' disorientato per via della luce splendente, e poi pian piano metti a fuoco quello che ti circonda. Senti l'erba morbida sotto i piedi, vedi il cielo terso sopra di te e lo specchio del lago in fondo alla valle, ad ogni onda la luce si riflette sfavillando di colori meravigliosi.

Il palazzo è interamente circondato da fiori che oscillano avanti e indietro rilasciando un profumo dolce e a te sconosciuto, da alberi verdeggianti sui cui rami uccelli di molti colori vanno a posarsi dolcemente cantando la loro migliore canzone. Del lago, che è terso e scintillante, riesci a vedere il fondale, mentre pesci dai colori meravigliosi guizzano in superficie per salutarti, finanche l'erba su cui cammini è morbida come un batuffolo di cotone. C'è una brezza leggera che fa fluttuare delicatamente i tuoi vestiti, fino al momento in cui una luce fortissima ti avvolge e quasi ti acceca. In quel preciso istante scorgi il contorno di una persona in piedi, nel mezzo di tutto quel bagliore.

L'abbraccio del Signore e la dichiarazione d'amore per la sposa

Con un sorriso delicato sul suo volto, con le braccia spalancate, ti chiama verso di sé, e più ti avvicini, più il suo viso diventa chiaramente visibile. E' la prima volta che lo incontri, ma sai molto bene chi è: è il Signore Gesù, il tuo sposo, colui che tu ami e da così tanto tempo desideravi conoscere. A questo punto, lacrime copiose cominciano a fluire per le tue guance, e non puoi fermare l'emozione perché ricordi il tempo durante il quale sei stato coltivato sulla terra.

Finalmente vedi a faccia a faccia il Signore, colui grazie al quale hai vinto, anche nelle situazioni più difficili, nelle persecuzioni e nelle prove. Egli è lì, davanti a te, che ti abbraccia, ti stringe sul suo petto, e ti dice: "...sei la mia sposa, ho lungamente aspettato questo giorno. Ti amo."

Nel sentire questa dichiarazione d'amore, le lacrime aumentano e allora il Signore asciuga delicatamente il tuo viso stringendoti ancora più forte, a questo punto alzi la testa, incroci i suoi occhi, e riesci a sentire il suo cuore che ti parla: "...so tutto di te. Conosco tutte le tue lacrime e tutti i tuoi dolori. Qui per te ci saranno soltanto felicità e gioia."

Da quanto tempo state desiderando questo momento? Essere tra le sue braccia, nella pace assoluta, circondati da abbondanza e gioia?

A questo punto senti un suono dolce, un canto di lode, Lui ti prende per mano portandoti nel posto da cui proviene la musica.

La sala del ricevimento di nozze

Siete in molti qui, ed ecco che finalmente siete in grado di scorgere il castello, splendido, brillante, magnifico, bellissimo. Il cancello d'ingresso si apre davanti a voi accompagnato da luci straordinarie. Entrate, siete attratti da Lui e dalla sua luminosità e guardate il salone: è così grande che non riuscite a vedere dove finisce, è decorato con ornamenti ed oggetti stupendi, così pieno di luci coloratissime e splendenti.

Il suono di lode è sempre più nitido e vicino, risuona nell'intera sala, il Signore annuncia l'inizio del pranzo di nozze con gran voce, ed il banchetto nuziale comincia e a voi sembra di vivere in un sogno.

Riuscite a percepire la felicità di questo momento? Spero proprio di sì, soprattutto perché non tutti gli invitati potranno essere così vicini ed essere abbracciati da Lui, soltanto quelli con determinate caratteristiche. Ecco perchè dovreste prepararvi come Sua sposa e partecipare alla natura divina, sebbene, certo, anche coloro che non gli terranno la mano direttamente, vivranno comunque il banchetto con felicità e pienezza.

Momenti felici, canti e danze

Dal momento che il banchetto inizia, si aprono anche le

danze, inizia la musica, tutti celebrano il nome di Dio il Padre, ballate con il Signore, parlate dei tempi su questa terra e del cielo in cui andrete a vivere.

Inoltre, avrete conversazioni meravigliose con gli altri ospiti, incontrerete persone che per molto tempo avete desiderato conoscere, glorificando il Padre insieme agli altri.

Mentre godete dei frutti che si fondono nella vostra bocca e bevete l'acqua della vita che scorre dal trono del Padre, il banchetto continua, per sette meravigliosi anni. Questo non vuol dire che voi non potete uscire, di tanto in tanto infatti uscirete per godere di altri momenti felici sia nel parco che circonda il castello che nell'Eden.

Ma che tipo di attività e di eventi vi attendono fuori del castello? A parte godere della natura rigogliosa e fare amicizia con le piante, gli alberi, i fiori e gli uccelli, potrete passeggiare con i vostri cari su strade decorate stupendamente, lodare il Signore cantando e danzando. Ci sono molte altre attività con cui potete intrattenervi, come ad esempio, fare un giro in barca sul lago insieme ai vostri amici o con il Signore in persona, andare a nuotare, partecipare ai tanti altri giochi e ai momenti di svago. Il Signore provvederà per voi tutte quelle cose che vi danno gioia e piacere smisurato.

Naturalmente, durante i sette anni del banchetto di nozze ci sarà sempre luce, visto che l'Eden è una zona dove la notte non esiste. Nell'Eden non dovrete andare dormire o riposare come fate su questa terra, perché non importa quanto tempo rimanete svegli, impegnati nelle vostre attività preferite, non vi sentirete mai stanchi, anzi, le vostre energie aumentano in proporzione alla felicità che vivete.

In pratica il passare del tempo non avrà nessuna influenza su di voi ed i sette anni passeranno come se fossero sette giorni, o persino sette ore. Sebbene i vostri genitori, o figli, o fratelli non sono stati rapiti con voi nell'aria e stanno vivendo la Grande Tribolazione, il tempo passerà così velocemente e felicemente che non penserete a loro.

Ringraziare il Signore di continuo per la salvezza

Gli abitanti del giardino dell'Eden e gli ospiti del banchetto di nozze sono in grado di vedersi, ma non sono in grado di andare e venire. Inoltre, i demoni vedranno che il banchetto di nozze è in corso, ma naturalmente non possono neppure pensare di avvicinarsi al luogo della festa, sebbene anche voi potrete scorgerli. Nel testimoniare il banchetto e la felicità degli ospiti, gli spiriti maligni soffriranno grandemente. Infatti, non poter rubare anche un solo figlio di Dio a favore dell'inferno è per loro un dolore insopportabile.

Nel guardare gli spiriti del male così da vicino vi ricorderete di quanto sulla terra abbiano provato a divorarvi, come dei leoni ruggenti. Questo pensiero non farà altro che aumentare la vostra gratitudine verso Dio il Padre, il Signore e lo Spirito Santo che vi hanno protetti dal potere delle tenebre trasformandovi in figli di Dio, e verso tutti coloro che vi hanno aiutato in questo percorso.

Il banchetto nuziale non sarà soltanto un momento di riposo e di conforto dal dolore della coltivazione su questa terra, ma anche un tempo di ringraziamento per l'amore che il Signore ha avuto per voi.

E cosa dire a questo punto della vita eterna nel regno dei cieli che sarà ancora più piacevole del banchetto di nozze? Neanche i sette magnifici anni del banchetto nuziale tengono il paragone con la vita eterna nei luoghi celesti.

I sette anni della grande tribolazione

Mentre nell'aria si tiene il banchetto di nozze, su questa terra, invece, c'è la grande tribolazione. Una sciagura che mai prima si era vista e mai dopo si vedrà: gran parte del mondo sarà distrutto e quasi tutti gli uomini moriranno.

Nel secondo avvento del Signore molti saranno lasciati sulla terra perché non hanno creduto, o pensavano di credere, ma altri saranno salvati, tramite quella che è definita "la salvezza della mietitura", e cioè, che alcuni crederanno, vivranno il martirio, e a motivo di questo saranno salvati.

Essere un martire durante i sette anni della grande tribolazione, tuttavia, non sarà per niente facile, perché sebbene molti decideranno di esserlo, la maggior parte finirà con il rinnegare il Signore a causa delle torture crudeli e delle persecuzioni perpetuate dall'Anticristo, che li forzerà a ricevere il marchio del "666." Pur sapendo che con il marchio apparterranno a Satana definitivamente, sarà difficilissimo, quasi impossibile, resistere alle violenze e al dolore estremo che ne conseguirà.

E, anche se uno riuscisse a sopportare le torture su di sé, sarà insopportabile guardare i membri della propria famiglia essere martirizzati. Inoltre, non potendo ricevere alcun aiuto dallo Spirito Santo durante questo tempo, mantenere la fede risulterà ancora più difficoltoso. Ecco perchè saranno pochissimi i "salvati per la mietitura." Di conseguenza, spero che nessuno di voi lettori si troverà ad affrontare questi terribili sette anni, e la ragione per la quale scrivo riguardo alla grande tribolazione è per farvi sapere che gli eventi che la Bibbia definisce come ultimi tempi sono alle porte!

Quindi, mentre nell'aria i veri credenti saranno rapiti per vivere i sette anni del banchetto nuziale, sulla terra inizierà la grande tribolazione.

I martiri guadagneranno la "salvezza della mietitura"

Dopo il ritorno del Signore nell'aria, tra i "lasciati" sulla terra ci saranno alcuni che si pentiranno della propria fede impropria in Gesù Cristo.

Ma cosa li condurrà alla "salvezza della mietitura"? La parola del Signore predicata dalla sua chiesa ed il suo potere dispiegato durante gli ultimi tempi. Infatti, molti, tra i non rapiti, si ricorderanno di come si riceve la salvezza, di tutto quello che deve accadere negli ultimi tempi e come reagire a questi eventi profetizzati nella parola del Signore.

Per cui ci saranno alcuni che realmente si pentiranno davanti al Signore, e questi sono i martiri, quelli che otterranno la "salvezza della mietitura", e, naturalmente, fra di loro ci sono gli ebrei che comprenderanno finalmente il messaggio della croce, riconoscendo Gesù come Messia, il Salvatore dell'umanità, il vero figlio di Dio. Quindi si pentiranno, e verranno salvati per mezzo della "salvezza della mietitura", si riuniranno per rinforzare insieme la loro fede nel Signore ed alcuni saranno martirizzati.

Nel periodo successivo al rapimento la Bibbia diverrà fondamentale in quanto è l'unico mezzo a disposizione di quelli che non sono stati rapiti e che si pentono, per far crescere e rinforzare la propria fede. Spero che in tutto questo comprendiate l'amore e la misericordia del Signore, il quale dona tutto ciò che occorre per essere salvati anche dopo il suo secondo avvento nell'aria.

Il Millennio

La sposa, dopo i sette anni del banchetto nuziale, scenderà sulla terra per regnare con il Signore per mille anni (Apocalisse 20:4). Quando il Signore ritornerà sulla terra, ripulirà tutto, in primo luogo l'aria e di conseguenza la natura tornerà ad essere meravigliosa.

Visitare la terra ripulita

Proprio come una coppia di sposini va in viaggio di nozze, voi starete sulla terra per mille anni con il Signore il vostro sposo, dopo i sette anni del banchetto nuziale, e di certo visiterete la terra.

I figli di Dio, la sposa, vorranno sì visitare la terrà, ma velocemente, perché il loro desiderio profondo è andare a vivere per sempre con lo sposo. Il Signore dopo il millennio trasferirà questa terra, il pianeta su cui ha avuto luogo la coltura umana, il sole e la luna, in un altro universo.

Per ricapitolare, quindi, dopo i sette anni del banchetto nuziale Dio Padre restaurerà la terra per regnarvi insieme alla sposa, per mille anni, dopo di che la terra sarà spostata. Lo svolgimento storico del nostro pianeta è stato perfettamente pianificato e portato a compimento attraverso la provvidenza di Dio, che ha creato tutto, il cielo e la terra, in sei giorni, ed il settimo si è riposato. Sarete felici di regnare con Lui per mille anni sulla terra, avendo Egli pianificato tutto questo per non farvi avere nostalgia del luogo in cui avete vissuto. Vi consegnerà la terra su cui regnerete con Lui, restaurata, ripulita e perfezionata. In questo modo potrete visitare tutti quei posti del mondo che in vita non siete riusciti a visitare.

Regnare per mille anni

Durante il millennio, Satana, il nemico, il diavolo non ci sarà, proprio come durante la vita nel giardino dell'Eden, per cui si vivrà in pace e tranquillità in un ambiente accogliente. I redenti ed il Signore rimarranno per mille anni sulla terra, ma in un luogo separato da coloro che sono sopravvissuti alla grande tribolazione, probabilmente in un palazzo o in un castello reale. In pratica, gli esseri "spirituali" vivranno all'interno di questo palazzo e quelli "in carne e ossa" fuori del castello perché i corpi spirituali e quelli fatti di carne non possono stare nello stesso posto.

61

Quello che fu il corpo carnale dei credenti, a questo punto, ha precedentemente subito la trasformazione ed è divenuto un corpo spirituale, essi vivono già nella vita eterna. Ciononostante, gli esseri spirituali sono in grado di sentire profumi e di mangiare proprio come gli esseri "in carne e ossa", ma, anche se mangiano, non espellono il cibo come gli umani, ma lo dissolvono nell'aria attraverso il proprio respiro.

I superstiti dei sette anni della grande tribolazione sono pochi e quindi gli umani saranno principalmente concentrati a riprodursi per non estinguersi. Poiché durante il millennio non ci saranno malattie ed infezioni di nessun tipo perché l'aria è pulita e Satana il nemico, che controllava il male, è imprigionato nell'abisso, ciò che di marcio e di maligno c'è nella natura umana, non potrà avere nessuna influenza, (Apocalisse 20:3), e, non esistendo la morte, la terra sarà di nuovo riempita dal genere umano.

Che cosa mangeranno gli esseri umani sulla terra, quelli in carne ed ossa? Quando Adamo ed Eva hanno vissuto nel giardino dell'Eden, si cibavano soltanto di erba che fa seme e di alberi da frutti portatori di seme (Genesi 1:29). Disobbedendo al Signore, Adamo ed Eva sono stati cacciati fuori dal giardino dell'Eden ed hanno iniziato a mangiare l'erba dei campi (Genesi 3:18). Conseguentemente al diluvio, il mondo crebbe in malvagità, ed il Signore permise all'uomo di mangiare la carne. Più il male si è sviluppato nel mondo, peggiore è divenuta la qualità del cibo di cui l'uomo si è nutrito.

Durante il millennio, si mangeranno i raccolti del campo e il frutto degli alberi, non si ingerirà alcuna carne, proprio come prima del diluvio ai tempi di Noè, perché non vi sarà alcuna intenzione malvagia e di conseguenza nessuno verrà mai ucciso, neanche gli animali. Inoltre, proprio perché l'intera civilizzazione è stata distrutta dalle guerre durante la grande tribolazione, si tornerà a vivere in un modo originario, aumentando di numero sulla terra che il Signore ha ripulito. Il genere umano inizierà di nuovo a vivere, ma immerso in una natura pura, non inquinata, pacifica e meravigliosa.

Inoltre, anche se prima della grande tribolazione alcuni dei superstiti vivevano nella civilizzazione sviluppata come la conosciamo noi oggi, il progresso odierno non può essere raggiunto in uno o duecento anni. Tuttavia, con il passare del tempo e l'accrescimento della saggezza umana, verso la conclusione del millennio, si riuscirà a raggiungere un livello di sviluppo in qualche modo simile a quello attuale.

Il cielo,
ricompensa dopo il giorno del giudizio

Successivamente al millennio, il Signore libererà per un breve periodo Satana, il nemico, il diavolo che aveva imprigionato nell'abisso (Apocalisse 20:1-3). Sebbene il Signore in persona regni su questa terra per condurre i sopravvissuti alla grande tribolazione ed i loro discendenti verso la salvezza eterna, non tutti avranno un fede vera, così, il Signore lascerà che Satana, il nemico, il diavolo, li tenti.

Molti umani saranno ingannati dal diavolo e lo seguiranno

verso la distruzione (Apocalisse 20:8), ed il popolo di Dio comprenderà il perché dell'inferno e l'amore grande del Signore che desidera guadagnarsi dei figli veri attraverso la coltura umana.

Gli spiriti del male liberati per un breve periodo, saranno nuovamente legati e gettati nell'abisso, e finalmente avrà luogo il grande giudizio del trono bianco (Apocalisse 20:12). Ma come avverrà il giudizio?

Il Signore presiede il giudizio del trono bianco

Nel Luglio del 1982, mentre stavo pregando per l'apertura di una chiesa, il Signore mi mostrò in dettaglio il grande giudizio del trono bianco, rivelandomi una scena in cui il Signore giudicava tutti. Davanti il trono di Dio Padre, sia alzarono in piedi il Signore Gesù e Mosè ed intorno al trono vi erano alcuni che svolgevano il ruolo di giuria.

Contrariamente ai giudici di questo mondo, il Signore è perfetto e non fa errori. Egli giudica in accordo con il Signore Gesù nella sua funzione di nostro difensore, di avvocato d'amore, in accordo con Mosè in qualità procuratore della legge, di pubblico ministero, e in accordo ad una giuria. Apocalisse 20:11-15 descrive esattamente come il Signore giudicherà.

> *"Poi vidi un gran trono bianco e colui che vi sedeva sopra, dalla cui presenza fuggirono il cielo e la terra, e non fu più trovato posto per loro. E vidi i morti, grandi e piccoli, che stavano ritti davanti a Dio, e i libri furono aperti; e fu aperto un altro libro, che è il libro della vita;*

e i morti furono giudicati in base alle cose scritte nei libri secondo le loro opere. E il mare restituì i morti che erano in esso, la morte e l'Ades restituirono i morti che erano in loro, ed essi furono giudicati, ciascuno secondo le sue opere. Poi la morte e l'Ades furono gettati nello stagno di fuoco. Questa è la morte seconda. E se qualcuno non fu trovato scritto nel libro della vita, fu gettato nello stagno di fuoco."

Il gran trono bianco di cui parla questo passaggio è il trono di Dio, che è il giudice. Egli, seduto sul suo trono così luminoso da apparire bianco, giudicherà con amore e giustizia, cacciando nell'inferno la paglia, tenendo con sé il grano.

Ecco perchè a volte è anche chiamato il grande giudizio del trono bianco. Il Signore giudicherà esattamente secondo "il Libro della Vita" su cui sono registrati i nomi di coloro che sono salvati e altri libri che registrano le azioni di ogni persona.

I "non salvati" precipiteranno all' inferno

Davanti il trono del Signore non c'è soltanto il libro della vita ma anche altri libri dove sono registrate tutte le azioni di ogni persona che non ha accettato il Signore o che non ha avuto vera fede (Apocalisse 20:12).

Dal momento in cui si nasce al momento in cui il Signore richiamerà lo spirito di ognuno, qualsiasi azione commessa è stata registrata in questi libri. Se avete compiuto delle buone azioni o maledetto qualcuno, ogni volta che vi siete adirati con un vostro prossimo e se lo avete picchiato. Tutte, ma proprio tutte le azioni di ogni essere vivente passato sulla terra sono state schedate in questi libri per mano degli angeli.

Proprio come noi registriamo e rivediamo dopo molto tempo eventi e conversazioni attraverso incisioni video o audio, gli angeli annotano e registrano tutto nei libri del cielo per ordine del Signore onnipotente. Di conseguenza, il grande giudizio del trono bianco si compirà senza errori.

Ma concretamente, come avverrà il giudizio?

Prima saranno giudicati i non credenti, ed essendo dei peccatori, non gli è concesso stare davanti al Signore, pertanto, saranno giudicati nell' Ades, il luogo d'attesa per l'inferno. Sebbene non si trovino davanti a Lui per essere giudicati, il processo sarà attuato rigorosamente, come se il Signore in persona lo stesse compiendo.

Saranno giudicati in primo luogo quelli il cui peccato è più pesante, e man mano gli altri, e, dopo averli giudicati tutti, saranno gettati nello stagno di fuoco o altrimenti detto lago di zolfo per rimanere in questo stato di punizione per tutta l'eternità.

Le ricompense celesti dei redenti

Dopo il giudizio dei non salvati, seguirà il giudizio dei redenti e l'assegnazione dei vari premi. Come è promesso in Apocalisse 22:12: *"Ecco, io vengo presto e il mio premio è con me, per rendere ad ognuno secondo le opere, che egli ha fatto..."* per cui le dimore e le ricompense del cielo saranno determinate in conseguenza alle proprie azioni.

Il giudizio per i premi del cielo avverrà nella pace, davanti al Signore perché è per i figli di Dio, iniziando dai maggiori, quelli che riceveranno le ricompense più grandi, fino a quelli che otterranno un piccolo premio, dopo di che, ogni figlio di Dio entrerà nella dimora celeste che il Signore gli ha preparato.

> *"E qui non ci sarà più notte alcuna e non avranno bisogno di luce di lampada né di luce di sole, perché il Signore Dio li illuminerà, ed essi regneranno nei secoli dei secoli." (Apocalisse 22:5)*

Avete una grande speranza nel cielo, vivete quindi con felicità le difficoltà e le sofferenze che sopportate in questo mondo! Pensate che in cielo, sarete per sempre con il Signore, circondati solo da felicità e piacere, senza le lacrime, senza dispiaceri, né dolore, né malattia, né morte.

Ho descritto soltanto sommariamente ciò che ci aspetta, i sette anni del banchetto nuziale e il millennio in cui regneremo con il Signore. Ma se queste fasi - soltanto un preludio alla vita nel cielo – sono così appaganti, quanto più felice e fantastica sarà la vita nel regno celeste? Ecco perchè dovreste correre verso la vostra dimora e ricompensa celeste, aspettando ardentemente il momento in cui il Signore ritornerà per prendervi.

Altrimenti perchè mai i nostri antenati nella fede si sarebbero sforzati così duramente nel prendere la via stretta, anziché percorrere il sentiero, molto più facile, di questo mondo? Hanno digiunato e pregato notte dopo notte per estirpare il peccato dal proprio cuore e dedicarsi completamente al Signore, perché avevano chiara davanti a sé la speranza del cielo. Poiché hanno creduto che il Signore li ricompenserà nel cielo secondo le proprie azioni, si sono sforzati vigorosamente fino a diventare santi e fedeli in ogni cosa.

Ecco perchè prego nel nome del Signore che parteciperete non soltanto al banchetto nuziale di sette anni abbracciati dal Signore, ma che vi adoperiate, attraverso la speranza e la vera fede, per rimanere vicino al suo trono celeste.

Capitolo 4

I segreti del cielo

"Ed egli, rispondendo, disse loro: «Perché a voi è dato di conoscere i misteri del regno dei cieli, ma a loro non è dato. Perché a chiunque ha sarà dato, e sarà nell'abbondanza, ma a chiunque non ha, gli sarà tolto anche quello che ha."

...

"Gesù disse alle folle tutte queste cose in parabole, e parlava loro solo in parabole, affinché si adempisse ciò che fu detto dal profeta: «Io aprirò la mia bocca in parabole e rivelerò cose nascoste fin dalla fondazione del mondo»."

- Matteo 13:11-35

Un giorno Gesù si sedette sulla spiaggia e molta gente si raccolse intorno a Lui. Iniziò quindi a parlare alla folla in parabole, ed i suoi discepoli gli chiesero: "Perchè parli loro in parabole?" E Gesù rispose loro così:

"«Perché a voi è dato di conoscere i misteri del regno dei cieli, ma a loro non è dato. Perché a chiunque ha

sarà dato, e sarà nell'abbondanza, ma a chiunque non ha, gli sarà tolto anche quello che ha. Perciò io parlo loro in parabole, perché vedendo non vedano, e udendo non odano né comprendano. Così si adempie in loro la profezia d'Isaia, che dice: "Voi udirete ma non intenderete; guarderete ma non vedrete." Perché il cuore di questo popolo è divenuto insensibile, essi sono diventati duri d'orecchi e hanno chiuso gli occhi, perché non vedano con gli occhi e non odano con gli orecchi, e non intendano col cuore e non si convertano, e io li guarisca. Ma, beati i vostri occhi perché vedono, e i vostri orecchi perché odono. Perché in verità vi dico che molti profeti e giusti desiderarono vedere le cose che voi vedete e non le videro, e udire le cose che voi udite e non le udirono!" (Matteo 13:11-17)

Proprio come aveva detto Gesù, molti profeti e uomini giusti non hanno potuto vedere o ascoltare segreti riguardo il regno dei cieli sebbene lo abbiano desiderato.

Attraverso Gesù, che è Dio in persona, la natura stessa dell'Eterno scesa sulla terra (Filippesi 2:6-8), i suoi discepoli hanno ricevuto questa rivelazione.

Com'è scritto in Matteo 13:35: *"...affinché si adempisse ciò che fu detto dal profeta: «Io aprirò la mia bocca in parabole e rivelerò cose nascoste fin dalla fondazione del mondo».*

I segreti del cielo rivelati al tempo di Gesù

Il mistero della croce, l'unica via per diventare veri figli di Dio, era stato progettato ancora prima della creazione, ma è stato debitamente tenuto nascosto dal Padre (1 Corinzi 2:7). Se così non fosse stato, infatti, Satana, il nostro nemico, il diavolo, avrebbe tentato il tutto per tutto per non far crocifiggere Gesù e la strada della salvezza per il genere umano non sarebbe mai stata aperta.

Pertanto, se i segreti di cielo non fossero stati nascosti sin dalla creazione, la coltura umana e la possibilità di diventare veri figli di Dio non avrebbe potuto esserci. Tuttavia, dopo l'iniziò del ministero terreno di Gesù, Egli permise che i segreti del cielo fossero rivelati, in quanto sapeva che nel comprendere le dinamiche celesti i suoi figli avrebbero prodotto frutto abbondante.

Gesù rivela i segreti del cielo attraverso le parabole

In Matteo 13 si possono leggere diverse parabole che parlano del cielo. Questo perché senza parabole, non potreste capire e comprendere i segreti del cielo, neanche leggendo la Bibbia molte volte.

"Il regno dei cieli è simile a un uomo, che seminò buon seme nel suo campo." (v.24)

"Il regno dei cieli è simile a un granello di senape che un uomo prende e semina nel suo campo. Esso è

certamente il più piccolo di tutti i semi, ma una volta cresciuto è il più grande di tutte le erbe e diventa un albero, tanto che gli uccelli del cielo vengono a ripararsi tra i suoi rami." (v. 31-32)

"Il regno dei cieli è simile al lievito, che una donna prende ed impasta con tre misure di farina finché tutta la pasta sia lievitata." (v. 33)

"Il regno dei cieli è simile ad un tesoro nascosto in un campo, che un uomo, avendolo trovato. nasconde; e, per la gioia che ne ha, va, vende tutto ciò che ha e compera quel campo." (v. 44)

"Ancora, il regno dei cieli è simile ad un mercante che va in cerca di belle perle. E, trovata una perla di grande valore, va, vende tutto ciò che ha, e la compera." (v. 45-46)

"Il regno dei cieli è pure simile ad una rete gettata in mare, che raccoglie ogni sorta di cose. Quando è piena, i pescatori la tirano a riva e, postisi a sedere, raccolgono ciò che è buono nelle ceste, mentre gettano via quello non buono." (v. 47-48)

Ecco come Gesù predicava riguardo ai cieli, che sono una realtà del regno spirituale. Proprio perché appartiene al reame dello spirito ed è invisibile, è possibile comprendere il regno dei cieli solo attraverso delle parabole.

Per avere la vita eterna nel cielo, dovete vivere sulla terra con una fede adeguata, l'unico strumento che vi consentirà di conoscere come possedere il cielo, che vi consentirà di entrarvi quando tutte queste cose si compiranno.

Qual è la ragione finale per cui andiamo in chiesa e viviamo una vita di fede? Essere salvati ed andare in cielo, no? Infatti, non pensate voi che sarebbe veramente pietoso, dopo una vita spesa servendo la casa del Signore, non avere neanche il cielo in cui vivere per sempre?

Anche al tempo di Gesù, molti obbedivano alla legge e si professavano credenti, ma non erano comunque "qualificati" per essere salvati ed entrare nel cielo. In Matteo 3:2, per questo motivo, Giovanni il battista gridava: *"Ravvedetevi, perché il regno dei cieli è vicino!"* Ed in Matteo 3:11-12: *"Io vi battezzo in acqua, per il ravvedimento; ma colui che viene dopo di me è più forte di me e io non sono degno neanche di portare i suoi sandali, egli vi battezzerà con lo Spirito Santo, e col fuoco. Egli ha in mano il suo ventilabro e pulirà interamente la sua aia; raccoglierà il suo grano nel granaio, ma arderà la pula con fuoco inestinguibile."*

Ciononostante, gli israeliti del tempo non solo non lo riconobbero come loro Salvatore ma lo crocifissero! Quant'è triste pensare che ancora oggi attendono il loro Messia!

I segreti del cielo rivelati all'apostolo Paolo

Sebbene l'apostolo Paolo non fosse uno dei dodici discepoli di

Gesù, non era secondo a nessuno nella testimonianza del Cristo. Prima che Paolo entrasse in contatto con il Signore, era stato un fariseo che osservava rigorosamente la legge e la tradizione degli anziani, fu uno dei primi persecutori dei cristiani, oltre ad essere un ebreo che sin dalla nascita godeva della cittadinanza romana.

Tuttavia, dopo essere venuto in contatto con il Signore sulla via di Damasco, Paolo cambiò radicalmente portando un numero immenso di persone sulla via della salvezza, in particolare concentrandosi sull'evangelizzazione dei gentili.

Il Signore sapeva che Paolo avrebbe sofferto immensamente e sarebbe stato perseguitato a causa della predicazione del vangelo. Ecco perchè gli rivelò i segreti meravigliosi del cielo, in modo che continuasse a correre verso l'obiettivo (Filippesi 3:12-14). In questo modo, l'apostolo continuò a predicare il vangelo con gioia, mantenendo viva la speranza del cielo, malgrado le tribolazioni.

Leggendo le epistole paoline, vi renderete conto che Paolo ha scritto sotto piena ispirazione dello Spirito Santo riguardo il ritorno del Signore, i credenti rapiti nell'aria, i luoghi di dimora del cielo, la gloria celeste, il premio, la corona, Melchizedek il sacerdote eterno e Gesù Cristo.

In 2 Corinzi 12:1-4, Paolo condivide le sue esperienze spirituali con la chiesa di Corinto che lui stesso aveva fondato e che non stava vivendo secondo la parola del Signore.

"Certo il vantarsi non mi è di alcun giovamento; verrò quindi alle visioni e rivelazioni del Signore. Io conosco un uomo in Cristo che, quattordici anni fa (se

con il corpo o fuori del corpo non lo so, Dio lo sa), fu rapito fino al terzo cielo. E so che quell'uomo (se con il corpo o senza il corpo, non lo so, Dio lo sa), fu rapito in paradiso e udì parole ineffabili, che non è lecito ad alcun uomo di proferire.''

Il Signore ha scelto l'apostolo Paolo per l'evangelizzazione dei gentili, lo ha raffinato con il fuoco, gli ha dato visioni e rivelazioni, lo ha accompagnato in ogni luogo, facendo in modo che vincesse su tutte le difficoltà con amore, fede e speranza per il cielo. Paolo rivelò che quattordici anni prima era stato condotto in paradiso, nel terzo cielo e che lì ascoltò dei segreti riguardo il cielo, ma che erano così indescrivibili che nessun uomo poteva raccontarli.

Un apostolo è una persona scelta direttamente dal Signore e che Gli obbedisce in tutto. Nondimeno, era presente qualcuno fra i membri della chiesa di Corinto che era stato ingannato da falsi insegnanti e giudicava malamente l'apostolo Paolo.

Ecco che l'apostolo elenca le difficoltà sofferte a motivo del Signore e condivide le sue esperienze spirituali per spronare i Corinzi ad essere la sposa del Signore, agendo secondo la parola di Dio. Nello scrivere tutto questo Paolo non si stava vantando delle sue esperienze spirituali, ma stava cercando di costruire e rinforzare la chiesa di Cristo difendendo e confermando il suo apostolato.

Dovete cercare di capire che il Signore concede visioni e rivelazioni soltanto a coloro che Egli reputa adeguati. State attenti a non comportarvi come i membri della chiesa di Corinto che ingannati da falsi insegnanti, hanno giudicato l'apostolo Paolo. Non dovete mai giudicare qualcuno che lavora duramente per espandere il regno di Dio, tramite il cui operato molti vengono alla conoscenza di Cristo e che il Signore stesso riconosce come suo servitore.

I segreti dei cieli rivelati all'apostolo Giovanni

L'apostolo Giovanni era uno dei dodici discepoli e fu grandemente amato da Gesù, lo aveva nominato suo discepolo e lo consolidò spiritualmente in modo che potesse servire il suo insegnante a distanza ravvicinata. Prima di Gesù, il carattere di Giovanni era così impulsivo da essere stato soprannominato "figlio del tuono", eppure divenne l'apostolo dell'amore dopo la trasformazione tramite il potere del Signore. Giovanni seguì Gesù, verso la gloria celeste, essendo, inoltre, l'unico discepolo ad aver ascoltato le ultime sette parole di Gesù sulla croce. Fu fedele nel suo dovere come apostolo e per questo è uno dei grandi uomini del cielo.

Come conseguenza della severa persecuzione inflitta al Cristianesimo dall'impero romano, Giovanni fu gettato nell'olio bollente, ma non morì e fu quindi esiliato sull'isola di Patos, dove il Signore gli rivelò le molte cose profonde che Giovanni scrisse nell'Apocalisse, il libro dei segreti del cielo.

Giovanni scrisse su molti elementi spirituali quali il trono del Signore e dell'Agnello, l'adorazione nel cielo, le quattro creature viventi intorno al trono del Signore, i sette anni della grande tribolazione e il relativo ruolo degli angeli, il banchetto di nozze dell'Agnello, il millennio, il grande giudizio del trono bianco, l'inferno, la Nuova Gerusalemme e l'abisso.

E' l'apostolo stesso a dire in Apocalisse 1:1-3 che il libro contiene le rivelazioni e le visioni del Signore ed è stato scritto perché tutto ciò che vi è riportato avverrà presto.

"Rivelazione di Gesù Cristo, che Dio gli diede per mostrare ai suoi servi le cose che devono accadere rapidamente e che egli fece conoscere, mandandola per mezzo del suo angelo al suo servo Giovanni, il quale ha testimoniato la parola di Dio e la testimonianza di Gesù Cristo, e tutte le cose che ha visto. Beato chi legge e beati coloro che ascoltano le parole di questa profezia e serbano le cose che vi sono scritte, perché il tempo è vicino."

La frase *"il tempo è vicino"* implica che il momento del ritorno del Signore è veramente prossimo. Di conseguenza, è molto importante avere le "qualifiche" per entrare nel regno dei cieli ed essere salvati per fede.

Anche se andate in chiesa ogni settimana, non potete dire di possedere la salvezza a meno che la vostra fede non sia dimostrabile attraverso azioni concrete. Gesù dice che *"...non chi mi dice Signore Signore entrerà nel regno dei cieli, ma chiunque fa la volontà del Padre mio che è nei cieli"* (Matteo 7:21). Così, se non vi comportate secondo la parola di Dio, è evidente che non potrete entrare nel cielo.

L'apostolo Giovanni spiega gli eventi che avverranno presto, le profezie sono molto dettagliate, e in Apocalisse 4 dichiara che il Signore sta ritornando e per questo il vostro abito va ripulito.

> *"Ecco, io vengo presto e il mio premio è con me, per rendere ad ognuno secondo le opere, che egli ha fatto. Io sono l'Alfa e l'Omega, il principio e la fine, il primo e l'ultimo." Beati coloro che adempiono i suoi comandamenti per avere diritto all'albero della vita, e per entrare per le porte nella città." (Apocalisse 22:12-14)*

Spiritualmente, un abito corrisponde al proprio cuore e alle proprie azioni, pertanto "lavare l'abito" è un riferimento simbolico al pentimento dei peccati ed alla vita che ne consegue: provare a vivere secondo la volontà del Signore.

Così nella misura in cui vivete secondo la parola del Signore attraverserete i cancelli fino ad entrare nel cielo più alto e più bello: la Nuova Gerusalemme.

Nel libro *"La misura della fede"*, già disponibile in italiano, spiego che la fede ha un processo di sviluppo, come descritto dall'apostolo Giovanni, il quale suddivide la fede in vari livelli: la fede dei bambini, dei figli, dei giovani e dei padri.

Di conseguenza, dovreste rendervi conto che più la vostra fede cresce, migliore sarà il vostro luogo di dimora nel cielo.

I segreti del cielo rivelati oggi

Sono passati circa 1900 anni da quando l'apostolo Giovanni ha scritto il libro dell'Apocalisse, pertanto, il periodo del ritorno del Signore è ancora più vicino, ragione per cui gli occhi spirituali di molti oggi sono stati aperti, permettendo loro di vedere il cielo e l'inferno. E c'è di più. Egli permette che lo spirito di alcuni visiti il cielo e l'inferno per un breve lasso di tempo, incoraggiando costoro a divulgare il più possibile quanto hanno osservato sia ai credenti che ai non credenti.

Mi spiace molto non potermi dilungare nei dettagli di quello che mi è stato rivelato sul cielo e l'inferno. Occorre cautela nello svelare questa conoscenza perché, appartenendo al regno spirituale, spesso capita che la gente non ripeta correttamente le informazioni che riceve, o chi ascolta non capisce il messaggio nel suo insieme e spesso, fraintende.

Per quanto mi riguarda, ho desiderato conoscere i segreti del cielo per molto tempo, ma ho iniziato a ricevere risposta a questa mia preghiera e a comprenderli dettagliatamente solo dopo aver pregato e digiunato molte volte nell'arco di sette anni. Nel Maggio del1984, poco prima del mio compleanno, il Signore mi ordinò di digiunare per tre giorni e di recarmi nel mio luogo di preghiera, un posto parecchio lontano dai miei cari e dalla mia chiesa, dove mi disse, mi avrebbe parlato di cose molto profonde. Ed infatti, è qui che mi rivelò i dettagli della vita meravigliosa, stupefacente e felice del cielo, che mi svelò nei minimi particolari quali sono i diversi luoghi di dimora e le ricompense che ognuno riceverà secondo la propria misura di fede. In quei tre giorni presi circa 120 pagine di appunti e per diversi mesi predicai solo riguardo al cielo.

In seguito, il Signore mi ha mostrato altri segreti del regno dei cieli aprendo i miei occhi sul libro dell'Apocalisse e continua a spiegarmi queste cose in profondità dal 1998, rivelandomi tante realtà nascoste. E, proprio come l'apostolo Paolo vide *"...cose che all'uomo non è dato di ripetere..."*, ci sono molte cose che anche io ho visto ma non posso dirvi.

Il Signore ha permesso che conoscessi nozioni che riguardano il cielo e i segreti profondi del regno spirituale per diversi motivi. In primo luogo, Egli desidera che molti siano portati alla salvezza tramite la mia testimonianza e la predicazione di Gesù Cristo il Salvatore. Secondo, il Signore, che è santo e perfetto, desidera che anche i suoi figli lo siano, che divulghino il vangelo e la santità ma soprattutto che nel conoscere le cose che devono avvenire, si preparino per il suo ritorno, come una sposa che si prepara per il giorno delle nozze.

Spero comprendiate che la fine è molto vicina e diffondiate il vangelo in ogni dove, come sposa pura e santa di Cristo, per potere entrare nella Nuova Gerusalemme, che è limpida e meravigliosa come il cristallo.

Segreti del cielo rivelati negli ultimi giorni

Esaminiamo a fondo i segreti del cielo che sono stati rivelati tramite le parabole di Gesù in Matteo 13 e che devono compiersi durante gli ultimi giorni.

Separerà il malvagio dal giusto

"Gesù dice che il regno dei cieli è come una rete

*lanciata in un lago che raccoglie ogni genere di pesci.
Ma cosa vuol dire? Il regno dei cieli è pure simile ad
una rete gettata in mare, che raccoglie ogni sorta di
cose. Quando è piena, i pescatori la tirano a riva e,
postisi a sedere, raccolgono ciò che è buono nelle ceste,
mentre gettano via quello non buono. Così avverrà
alla fine del mondo, gli angeli verranno e separeranno
i malvagi dai giusti e li getteranno nella fornace del
fuoco. Lì sarà pianto e stridor di denti."*

"*Il mare*" qui si riferisce al mondo, "*i pesci*" a tutti i credenti
e "*il pescatore che lascia giù la rete nel mare e "pesca dei
pesci*" al Signore. Che cosa significa che il Signore lancia una
rete, la ritira quando è piena, conserva i pesci buoni in un cestino
e getta via quelli non buoni? Che alla conclusione del tempo, gli
angeli verranno a raccogliere i giusti e i malvagi, portando i primi
in cielo e i secondi all'inferno.

Oggi, molti pensano che entreranno nel regno dei cieli perché
hanno accettano Gesù Cristo, tuttavia, dice chiaramente che
"*gli angeli verranno e separeranno i malvagi dai giusti e
li getteranno nella fornace del fuoco.*" Quando ribadisce "*i
giusti*" si riferisce a coloro che sono chiamati "giusti" in virtù
dell'aver creduto in Gesù Cristo nel proprio cuore e che con le
proprie azioni riflettono quello in cui credono. Siete "giusti" non
perché conoscete la parola del Signore, ma perché obbedite ai
suoi comandamenti ed agite secondo suo volontà (Matteo 7:21).

Che vi piaccia o no, la Bibbia è piena di "fai" e "non fare", "osserva" e "liberati da." Soltanto coloro che vivono secondo la parola del Signore sono giusti e conservano la vera fede spirituale. Ci sono molti uomini che, in linea generale, potrebbero essere classificati come "giusti", ma solo agli occhi di altri uomini che è ben diverso da "giusti" agli occhi di Dio. Di conseguenza, dovreste potere riconoscere la differenza fra la giustizia degli uomini e quella del Signore e diventare voi stessi giusti agli occhi di Dio.

Per esempio, se un uomo che si considera giusto ruba di nascosto, è ancora un "giusto"? Se coloro che si professano "figli di Dio," continuano a peccare e non vivono secondo la sua Parola, non possono essere chiamati "giusti." Questi sono i malvagi fra i giusti.

Splendore differente dei corpi celesti

Se accettate Gesù Cristo e vivete secondo la sua Parola, brillerete come il sole nel cielo. L'apostolo Paolo scrive dettagliatamente a questo proposito in 1 Corinzi 15:40-41.

> *"Ci sono anche dei corpi celesti e dei corpi terrestri; ma altro è lo splendore dei celesti, e altro quello dei terrestri. Altro è lo splendore del sole, altro lo splendore della luna, e altro lo splendore delle stelle; perché un astro è differente dall'altro in splendore." (Nuova Riveduta)*

Poiché è possibile possedere il cielo soltanto attraverso la fede, è ragionevole immaginare che la gloria del cielo sarà differente in proporzione alla misura della fede di ciascuno. Ecco perchè vi è la gloria del sole, della luna e delle stelle, ed anche fra le stelle, la luminosità differisce.

Esaminiamo ora un altro segreto del cielo attraverso la parabola del granel di senape in Matteo 13:31-32.

> *"Egli propose loro un'altra parabola, dicendo: «Il regno dei cieli è simile a un granello di senape che un uomo prende e semina nel suo campo. Esso è certamente il più piccolo di tutti i semi, ma una volta cresciuto è il più grande di tutte le erbe e diventa un albero, tanto che gli uccelli del cielo vengono a ripararsi tra i suoi rami»."*

Un seme di senape è piccolo come la punta di una penna a sfera. Eppure, questo minuscolo granello può diventare un albero grande abbastanza da riparare moltitudini di uccelli. Ma cosa voleva insegnare Gesù con questa parabola? Innanzi tutto, che si arriva al cielo solo attraverso la fede e che ci sono misure di fede differenti. Così, anche se ora avete "una piccola" fede, potete farla crescere fino a che diventi "una grande" fede.

Anche la fede piccola come un granel di senape

Gesù in Matteo 17:20 dice: *"...perché io vi dico in verità che, se avete fede quanto un granel di senape, direte a questo monte: "spostati da qui a là" ed esso si sposterà; e niente vi sarà impossibile."* Ed in risposta ai discepoli che gli chiedevano:

"aumentaci la fede!", Egli dice: «*Se aveste tanta fede quanto un granel di senape, potreste dire a questo gelso: "sradicati e trapiantati in mare" ed esso vi ubbidirebbe.*» *(Luca 17:5-6)*

Il significato spirituale di questi versi è semplice: quando la fede, seppur piccola come un chicco di senape, si sviluppa e si trasforma in una fede grande, niente sarà impossibile. Quando accetti Gesù Cristo, ti viene data una misura di fede, piccola come il semino della senape, ma se pianti questo granello nel tuo cuore, germoglierà, sviluppandosi in una fede grande, estesa come un albero di quercia, sul quale molti uccelli troveranno riparo. Questa è la fede che attraverso il potere del Signore compie miracoli, che fa vedere I ciechi, che rende i non udenti capaci di ascoltare di nuovo, i muti di parlare e fa tornare i morti in vita.

Se pensi di avere fede ma attraverso di te nessuna opera potente di Dio si concretizza, se continui ad avere problemi nella tua famiglia, nella tua azienda e nel tuo lavoro, è perché la tua fede è tuttora piccola come quel granello di senape e il processo di trasformazione non ha ancora avuto luogo.

Il processo di sviluppo della fede spirituale

In 1 Giovanni 2:12-14, l'apostolo brevemente spiega qual'è lo sviluppo della fede spirituale.

"Figlioletti, vi scrivo perché i vostri peccati vi sono perdonati per mezzo del suo nome. Padri vi scrivo perché

*avete conosciuto colui che è dal principio. Giovani,
vi scrivo perché avete vinto il maligno. Figlioletti, vi
scrivo perché avete conosciuto il Padre. Padri, vi ho
scritto perché avete conosciuto colui che è dal principio.
Giovani, vi ho scritto perché siete forti e la parola di Dio
dimora in voi, e perché avete vinto il maligno."*

A questo punto vi è più chiaro il concetto che esiste un
processo di sviluppo della fede, e che anche voi dovete far
crescere la vostra fede fino al livello dei padri e solo a quel punto
potrete conoscere il Signore, colui che è dal principio. Non
ritenetevi mai soddisfatti di essere al livello di fede dei figli, la cui
fede è solo in grado di accettare il perdono dei peccati tramite
Gesù Cristo.

Matteo 13:33 dice: *"Egli disse loro un'altra parabola:
«Il regno dei cieli è simile al lievito, che una donna prende
ed impasta con tre misure di farina finché tutta la pasta sia
lievitata»."*

In questo passaggio è semplice comprendere che la fede
piccola come un granello di senape può diventare rapidamente
una fede grande, quanto rapidamente il lievito fa crescere tutta
la farina. Ricordate però sempre quello che dice l'apostolo in
1 Corinzi 12:9: la fede è un regalo spirituale che il Signore vi
dona.

Comperate il regno dei cieli con tutto ciò che possedete

Avete bisogno di impegnarvi realmente per possedere il cielo perché può essere ottenuto soltanto per fede e ricordate, la fede percorre un processo di crescita.

In questo mondo per poter guadagnare ricchezza, fama, senza neanche dire per comprare, ad esempio, una casa, bisogna lavorare duro. Tutti ci prodighiamo verso queste cose, per la nostra attività commerciale, per la carriera o per la nostra abitazione, sebbene siano cose che non dureranno per sempre. Quanto più, allora, dovreste sforzarvi per ottenere la dimora celeste e lo splendore del cielo che rimarranno con voi per sempre?

Gesù dice in Matteo 13:44: *"«Di nuovo, il regno dei cieli è simile ad un tesoro nascosto in un campo, che un uomo, avendolo trovato. nasconde; e, per la gioia che ne ha, va, vende tutto ciò che ha e compera quel campo."* Continua ancora in Matteo 13:45-46: *"Ancora, il regno dei cieli è simile ad un mercante che va in cerca di belle perle. E, trovata una perla di grande valore, va, vende tutto ciò che ha, e la compera."*

Gesù solitamente nelle parabole parlava di oggetti di uso comune che potevano essere trovati facilmente nella vita di tutti i giorni. Quali sono quindi i segreti del cielo rivelati attraverso queste due parabole?

Esaminiamo adesso la parabola del "tesoro nascosto in un campo."

Vi era un contadino, un uomo povero, che aveva trascorso tutta la sua esistenza guadagnandosi da vivere giorno per giorno. Una volta fu ingaggiato dal suo vicino per lavorare su un pezzo di terra su cui si volevano piantare degli alberi da frutto ma che, non essendo stata utilizzata per lungo tempo, era diventata sterile. Il contadino si accordò per fare il lavoro, e una mattina, mentre ripuliva le zolle, notò qualcosa di molto solido scontrarsi con la sua pala. Continuò a scavare finché non scoprì cosa c'era sotto: un tesoro! Immediatamente iniziò a pensare come fare per poterselo tenere. Decise di comprare la terra in cui la fortuna era stata nascosta e, siccome il campo si mostrava sterile, ritenne che il proprietario dell'appezzamento glielo avrebbe venduto di buon grado. Tornò quindi a casa, prese tutto ciò che possedeva e cercò degli acquirenti a cui vendere la sua roba in modo di arrivare alla cifra che occorreva per acquistare il campo. Non ebbe mai un solo momento di rammarico per aver venduto le sue cose, perché il tesoro rinvenuto valeva grandemente più di ciò che aveva dato via.

La parabola del tesoro nascosto in un campo

C'è un segreto sul cielo, un significato spirituale nascosto in questa parabola, di cui esamineremo quattro aspetti diversi.

In primo luogo, il campo simboleggia il vostro cuore ed il tesoro è il regno dei cieli, perché il cielo, come il tesoro, è nascosto nel vostro cuore.

Il Signore creò gli esseri umani formandone lo spirito, l'anima ed il corpo. Lo spirito come capo dell'uomo in grado di comunicare con il Signore, l'anima per obbedire agli ordini dello spirito ed il corpo quale luogo in cui sia lo spirito che l'anima potessero dimorare. L'essere umano era uno spirito vivente come dice Genesi 2:7.

Tuttavia, dal giorno in cui il primo uomo Adamo disobbedì, lo spirito, che era il capo dell'uomo, morì, e l'anima iniziò a svolgere il suo ruolo. Gli esseri umani sono scesi di peccato in peccato verso la via della morte non essendo più in grado di comunicare con il Signore, divenendo "gente dell'anima", che è sotto il controllo di Satana, il nemico, il diavolo.

Ecco perché il Signore d'amore ha mandato il suo unico figlio Gesù in questo mondo, lasciando che fosse crocifisso così che lo spargimento del suo sangue servisse come sacrificio per riacquistare tutta l'umanità dal peccato. In questo modo, la strada della salvezza è stata aperta, permettendo a te di diventare figlio del Dio santo, per comunicare ancora con Lui. Chiunque accetta Gesù Cristo come suo personale salvatore riceve anche lo Spirito Santo che riporterà in vita il proprio spirito, ottenendo inoltre il diritto di diventare figlio di Dio, con grande gioia del cuore.

In questa condizione il vostro spirito può comunicare di nuovo con il Signore, controllare l'anima e il corpo, tornando ad essere il capo dell'essere umano, il che significa, temere il Signore, obbedire alla sua Parola e portare a compimento il lavoro che Lui vi ha assegnato.

Ecco perchè la rinascita dello spirito è paragonabile al ritrovamento di un tesoro nascosto in un campo, e quel tesoro è il cielo che ora è nel vostro cuore.

In seconda analisi, un uomo che trova un tesoro nascosto in un campo è di certo un uomo felice. Vale a dire, che, quando accettate Gesù Cristo e ricevete lo Spirito Santo, il vostro spirito che era morto torna in vita e quando realizzate che il

cielo è nel vostro cuore, gioirete grandemente.

Gesù dice in Matteo 11:12 *"E dai giorni di Giovanni Battista fino ad ora, il regno dei cieli subisce violenza e i violenti lo rapiscono."* Giovanni l'apostolo inoltre scrive in Apocalisse 22:14: *"Beati quelli che lavano le loro vesti per aver diritto all'albero della vita e per entrare per le porte della città!."* (Nuova Riveduta)

Ciò che impariamo qui è che non tutti quelli che hanno accettato Gesù Cristo avranno la stessa dimora nel regno dei cieli, infatti, più assomigliate al Signore e più la verità abita in voi, più la dimora celeste che erediterete sarà migliore.

Di conseguenza, tutti coloro che amano il Signore e sperano per il cielo si comporteranno secondo la sua Parola in tutto, divenendo conforme ogni giorno di più al Signore man mano che estirpano il male dal cuore.

Il regno dei cieli vi appartiene in proporzione a come "riempite il vostro cuore di cielo", in pratica, di bontà e verità, e sebbene vivete ancora su questa terra, nel rendervi conto che il cielo è nel vostro cuore, la vostra felicità sarà definitiva.

Questa è la gioia che sperimentate quando venite a contatto con Gesù Cristo. Ora non ti importa più che per guadagnare la vita eterna ed il cielo con Gesù Cristo dovrai prima passare per la morte, anzi la tua contentezza sarà completa! Del resto, non è forse incontenibile la gioia di sapere che il regno dei cieli si trova nel tuo cuore? Ecco perché la felicità di un uomo che scopre un tesoro nascosto nei basamenti di un campo è paragonabile alla gioia che si prova nell'accettare Gesù Cristo e tutto il regno dei cieli nel proprio cuore.

Terzo punto. Nascondere il tesoro dopo averlo individuato è il simbolo del proprio spirito che torna in vita e desidera vivere secondo la volontà del Signore, ma non riesce ancora a mettere la sua determinazione in azione perché non ha ancora ricevuto il potere di vivere secondo la parola di Dio.

L'agricoltore non potè dissotterrare immediatamente il tesoro appena lo trovò. In primo luogo doveva ancora comprare il campo, e ciò sarebbe stato possibile solo vendendo le cose che possedeva. Allo stesso modo, quando accettate Gesù Cristo, benché sappiate che c'è il cielo (e avete scoperto come entrarvi) ed anche l'inferno, non siete ancora in grado di mettere immediatamente in pratica la parola del Signore.

Poiché avete vissuto una vita malvagia lontano dalla parola di Dio prima di accettare Gesù Cristo, al momento della salvezza c'è ancora molta malignità nel vostro cuore. Se non ve ne liberate completamente mentre professate di credere in Cristo, Satana continuerà a tirarvi verso le tenebre, impedendovi di vivere secondo la parola del Signore. Proprio come il contadino che ha preso possesso del tesoro solo dopo aver comperato il campo, dando via tutto ciò che aveva, voi dovrete liberarvi della vostra mente malvagia e rendere il vostro cuore puro come piace al Signore, prima di possedere veramente questo tesoro.

Seguite la verità, che è la parola del Signore, dipendete solo da Dio e pregate ferventemente. Solo allora la menzogna che ancora si annida in voi potrà essere gettata via e voi riceverete la forza, il potere di comportarvi e vivere secondo la parola del Signore. Tenete bene presente che il cielo è soltanto per questo genere di persone.

In quarto luogo, vendere tutto ciò che aveva indica che, per farsì che lo spirito torni ad essere il capo dell'uomo, dovete liberarvi di tutta la menzogna che la vostra anima si porta dietro da sempre.

Solo dopo che il vostro spirito, che era morto, torna in vita, siete in grado di comprendere che esiste il cielo. Tutti i vostri pensieri, come li avete formulati prima della salvezza, appartengono all'anima e pertanto sono regolati da Satana. Per possedere il cielo sarà necessario demolire queste fortezze mentali e non solo, la vostra fede dovrà essere seguita da azioni. Esattamente come il pulcino deve rompere la copertura che lo circonda per uscire e venire al mondo, voi dovrete spaccare la corazza formata dalle false congetture di pensiero prodotte dalla vostra anima.

Non potrai possedere completamente il cielo finché non avrai estirpato tutte le azioni ed i desideri della carne, divenendo così una persona dallo spirito integro sempre più simile alla natura divina del Signore (1 Tessalonicesi 5:23).

Le opere della carne sono la materializzazione della malvagità del cuore che si esprime in azioni conseguenti. Quando parlo dei desideri della carne mi riferisco alla natura peccaminosa del cuore che in qualunque momento può manifestarsi, anche senza commettere nessuna azione. Per esempio, se provate dell'odio nel cuore, questo è la manifestazione del desiderio della carne, quando e se questo odio provoca l'atto di colpire un'altra persona, ecco compiuta l'opera della carne.

Galati 5:19-21 dichiara perentoriamente: *"Ora le opere della carne sono manifeste e sono: adulterio, fornicazione impurità, dissolutezza, idolatria, magia, inimicizie, contese, gelosie, ire, risse, divisioni, sette, invidie, omicidi, ubriachezze, ghiottonerie e cose simili a queste, circa le quali vi prevengo, come vi ho già detto prima, che coloro che fanno tali cose non erediteranno il regno di Dio."*

Anche Romani 13:13-14 ci dice: *"Camminiamo onestamente, come di giorno, non in gozzoviglie ed ebbrezze, non in immoralità e sensualità, non in contese ed invidie. Ma siate rivestiti del Signor Gesù Cristo e non abbiate cura della carne per soddisfarne le sue concupiscenze."* E Romani 8:5 *"Infatti coloro che sono secondo la carne volgono la mente alle cose della carne, ma coloro che sono secondo lo Spirito alle cose dello Spirito."*

Pertanto, "vendere tutto" in questa parabola significa demolire interamente la menzogna contro la volontà del Signore che si annida nella vostra anima, liberandovi degli atti, dei desideri, e di tutto ciò che avete sempre amato più del Signore, tutto quello che non è in linea con la sua Parola.

Se continuate a liberarvi del peccato e della malvagità, il vostro spirito sarà riportato in vita e voi vivrete secondo la parola del Signore ed i desideri dello Spirito Santo. Per concludere, sarete una persona di spirito e potrete avere lo stesso sentimento del Signore (Filippesi 2:5-8).

Il cielo nel cuore

Solo chi vende tutto ciò che possiede può avere il cielo nel cuore, vale a dire, chi si libera interamente dal male. Quando il Signore ritornerà, il cielo, che è come un'ombra finora, diverrà finalmente una realtà eterna per chi lo possiede nel cuore. L'uomo che possiede il cielo nel cuore è la persona più ricca del mondo, anche se del mondo ha dato via tutto, e di contro, l'uomo che non possiede il cielo è la persona più povera che esiste e in realtà non ha nulla, anche se possiede tutto del mondo. Questo perché ciò di cui avete bisogno è solo Gesù Cristo e al di fuori di Lui qualsiasi cosa è senza valore perché dopo la morte, ci aspetta il giudizio finale.

Ecco perchè Matteo ha seguito Gesù abbandonando la sua attività lavorativa, Pietro lo ha rincorso lasciando la sua barca e la sua rete. Anche l'apostolo Paolo considerò tutto quello che aveva come spazzatura dopo avere accettato Gesù Cristo. Il motivo che spingeva tutti questi uomini a rinunciare a tutto per Lui era quel tesoro, trovato e dissotterrato, che valeva più di qualsiasi altra cosa al mondo.

Allo stesso modo, le vostre azioni mostreranno la fede che dite di avere, se obbedite alla Parola e vi liberate di tutta l'iniquità che ancora dimora in voi, della malvagità che è contro il Signore. Dovete compiere il regno dei cieli nel vostro cuore vendendo tutto ciò che avete, la menzogna, la testardaggine, l'orgoglio e l'altezzosità che finora serbavate come un tesoro. Lo ripeto, per ereditare il regno dei cieli eterno vi è un solo percorso: liberarvi di tutto ciò che avete. Solo così possederete il cielo nel vostro cuore.

Nella casa del Padre mio ci sono molte dimore

Leggendo Giovanni 14:1-3 si evince chiaramente che nei cieli esistono molti luoghi di dimora e che Gesù Cristo è asceso al cielo per andare a prepararli.

> *«Il vostro cuore non sia turbato; credete in Dio e credete anche in me. Nella casa del Padre mio ci sono molte dimore; se no, ve lo avrei detto; io vado a prepararvi un posto. E quando sarò andato e vi avrò preparato il posto, ritornerò e vi accoglierò presso di me, affinché dove sono io siate anche voi.»*

Il Signore è andato a preparare la vostra dimora celeste

Gesù rivelò ai discepoli le cose che sarebbero successe da lì a poco, proprio prima di essere catturato e crocifisso. Guardando i suoi seguaci, preoccupati del tradimento messo in atto da Giuda Iscariota, pensando alla negazione di Pietro e all'imminente crocifissione, Egli li confortò parlandogli proprio dei luoghi di dimora del cielo.

Ecco perché disse, *"...nella casa di mio Padre ci sono tante stanze, se non fosse così, ve lo avrei detto. Io me ne sto andando a preparare un posto per voi."* Gesù morì e risorse dopo tre giorni, spezzando così l'autorità della morte. Dopo quaranta giorni ascese al cielo di fronte a molte persone proprio per andare a preparare un'abitazione celeste per te.

Che cosa significa praticamente: "Sto andando a prepararvi un luogo"?

Come scritto in 1 Giovanni 2:2: *"Egli è l'espiazione per i nostri peccati; e non solo per i nostri, ma anche per quelli di tutto il mondo."* vale a dire, Gesù ha distrutto il muro del peccato che separava gli uomini da Dio, così che ora tutti, tramite la fede, possono possedere il cielo.

Senza Gesù Cristo, il muro di iniquità che ci separava da Dio, non avrebbe mai potuto essere abbattuto. Nel Vecchio Testamento, quando un uomo peccava, offriva un sacrificio animale come espiazione per la sua colpa. Gesù, però, vi ha permesso di essere perdonati dai vostri peccati e di diventare santi, offrendosi in persona come sacrificio vivente, una volta per tutte. (Ebrei 10:12-14).

Soltanto attraverso Cristo la parete del peccato che vi separava da Dio ha potuto essere rovesciata aprendo così l'accesso per voi al regno dei cieli e rendendovi in questo modo partecipi della vita eterna.

Nella casa di mio Padre vi sono molte stanze

Gesù in Giovanni 14:2 dice, *"...nella casa di mio Padre vi sono molte stanze."* Questo verso esprime tutta la passione di Gesù verso gli uomini, Egli desidera che tutti siano salvati, e, curiosamente, dice nella "casa di mio Padre" invece di dire "nel regno dei cieli." Ma perché? Proprio perché il Signore non desidera "cittadini" ma "figli" con cui per sempre condividere il suo amore di padre.

Il cielo è regolamentato dal Signore, è un luogo grande all'inverosimile in grado di ospitare tutti coloro che sono stati salvati per fede, ed è così incantevole e fantastico che nessun posto di questo mondo per bello che sia ne regge il confronto.

Il posto più bello e glorioso del regno dei cieli è la Nuova Gerusalemme dove si trova il trono di Dio. Proprio come ogni nazione ha il luogo di residenza del suo presidente, la Camera Blu a Seul, la capitale della Corea, la Casa Bianca a Washington DC, la capitale degli Stati Uniti, nella Nuova Gerusalemme c'è il trono del Signore.

Esattamente, la Nuova Gerusalemme si trova nel centro del regno dei cieli, che è anche il luogo dove la gente di fede maggiore, quella in cui il Signore si compiace, vivrà per sempre. La parte più esterna dei cieli, invece, è il paradiso, dove vivranno tutti coloro che hanno accettato il Signore senza aver mai fatto qualcosa per il suo regno, come ad esempio, il ladro al lato della croce di Gesù, che Lo ha accettato ed è stato salvato proprio prima di morire.

Il cielo e la misura di fede

Perchè il Signore ha preparato per i suoi figli dei luoghi di dimora diversi? Il Signore è un Dio giusto e permette di raccogliere ciò che seminate (Galati 6:7), ricompensandovi secondo le vostre azioni (Matteo 16:27; Apocalisse 2:23). Ecco perchè ha preparato delle dimore diverse secondo la misura di fede di ognuno.

Romani 12:3 osserva, *"Infatti, per la grazia che mi è stata data, dico a ciascuno che si trovi fra voi di non avere alcun concetto più alto di quello che conviene avere, ma di avere un concetto sobrio, secondo la misura della fede che Dio ha distribuito a ciascuno."*

Ecco spiegato perché e come la dimora e la gloria celeste di ognuno differiranno secondo la propria misura di fede.

Il vostro posto nel cielo sarà determinato nei rispetti di quanto il vostro cuore somiglia al cuore del Signore, proporzionalmente a "quanto cielo" abita nel vostro cuore.

Per esempio, diciamo che un bambino ed un adulto competono in un evento sportivo o giocano insieme. Venendo da due mondi diversi, presto i bimbi scopriranno che con degli adulti non ci si può divertire, per loro sono noiosi, questo perché sia il linguaggio che le azioni dei due gruppi, dei bimbi e dei grandi, sono estremamente differenti. I bambini si divertono quando stanno con altri bambini, così per i giovani, così per gli adulti.

La stessa cosa succede spiritualmente. Proprio per rispettare le differenze tra i vari livelli spirituali di ciascuno, il Signore di amore e giustizia ha suddiviso le dimore del cielo secondo la misura di fede di ognuno, in modo che tutti i suoi figli vivano felicemente.

Il ritorno del Signore al completamento della dimora celeste

In Giovanni 14:3, il Signore ha promesso che sarebbe

ritornato per prenderci e portarci nel suo regno, dopo aver ultimato le nostre dimore nel cielo.

Supponiamo ad esempio che un uomo, salvato per grazia, sia fedele secondo la Parola, e per questo, una volta in cielo riceverà molti premi e ricompense. Ma se questo stesso uomo, dopo qualche anno di vita secondo la Parola ritorna a vivere secondo il mondo, potrebbe anche scadere dalla salvezza, potrebbe anche andare all'inferno, e di sicuro, se non va all'inferno, non riceverà nessuna ricompensa celeste.

Certo, il Signore non dimentica ciò che avete fatto per il suo regno perché Egli è fedele, ma sappiate che solo se santificate il vostro cuore circoncidendolo con lo Spirito Santo, e se vi troverà fedeli quando ritornerà, vivrete grandemente benedetti ed abiterete in un luogo che brilla più del sole. Poiché il Signore vuole che tutti i suoi figli siano perfetti, ha detto: *"... vado a prepararvi un luogo, tornerò a prendervi e voi sarete dove io sarò."* Gesù desidera che voi siate ripuliti, che siate santi, proprio come Lui è santo. Serbate gelosamente questa parola di speranza!

Quando la volontà di Dio fu compiuta del tutto attraverso Gesù, Egli lo ha glorificato dandogli un nuovo nome: "Re dei re, Signore dei signori." Così anche voi, più glorificate il Signore in questo mondo, maggiore sarà la vostra gloria. Nella misura in cui assomigliate al Signore, in cui lo amate, vivrete più vicino al suo trono celeste quando sarete nel regno dei cieli.

I luoghi di dimora celesti sono in attesa dei propri "assegnatari", dei figli di Dio, proprio come delle spose che aspettano l'arrivo dei mariti. Ecco perchè l'apostolo Giovanni scrive in Apocalisse 21:2, *"E io, Giovanni, vidi la santa città, la nuova Gerusalemme, che scendeva dal cielo da presso Dio, pronta come una sposa adorna per il suo sposo."* I migliori servizi degli alberghi a sette stelle di questo mondo non possono essere confrontati al confort e alla felicità della residenza che vi attende nel cielo. Le "stanze" del cielo hanno tutto ciò di cui si possa aver bisogno, e sono sempre pronte a soddisfare i desideri, in quanto "leggono la mente" di chi vi abita, in modo che viva il più felicemente possibile, per sempre.

Proverbi 17:3 ci fa notare che *"Il crogiolo è per l'argento e la fornace per l'oro, ma chi prova i cuori è l'Eterno."* Prego nel nome del Signore Gesù Cristo che comprendiate il processo di raffinamento a cui Dio vi sottopone per rendervi veri figli, santificati, con la speranza della Nuova Gerusalemme nel cuore, in modo che valentemente avanziate verso la parte migliore del cielo, essendo fedeli in tutto alla casa del Signore.

Capitolo 5

Come vivremo nel cielo?

Vi sono anche dei corpi celesti, e dei corpi terrestri,
ma altra è la gloria dei celesti, altra quella dei terrestri.
Altro è lo splendore del sole, altro lo splendore della
luna ed altro lo splendore delle stelle, perché una stella
differisce da un'altra stella in splendore.

- 1 Corinzi 15:40-41

Non smetterò mai di ripeterlo, la felicità del cielo non può neanche essere comparata alle cose migliori e più deliziose di questa terra.

Immaginate di essere su una spiaggia incantevole, il tramonto è rosso all'orizzonte, siete mano nella mano con la persona che amate. Bene, è di certo un momento meraviglioso, ma finirà non durerà in eterno, è appunto, momentaneo. Questo perché sebbene su questa terra di certo capiti di vivere momenti di felicità, la vostra mente non è mai veramente libera dalle preoccupazioni della vita in generale, dalle ansie che bene o male ci coinvolgono tutti. Per altro, rimanere, ad esempio, su quella spiaggia a guardare l'orizzonte è sì bellissimo, ma ripetere questa stessa cosa per un anno, dopo un po' diverrebbe noiosa per chiunque, naturalmente sarete spinti a cercare qualcosa di nuovo.

Viceversa, la vita nel cielo, dove tutto è limpido e splendente come il cristallo, la felicità è reale e duratura, perché tutto è continuamente nuovo, misterioso, allegro e felice. Avrete dei momenti deliziosi con Dio il Padre e con il Signore, godrete dei vostri hobby, dei vostri sport preferiti e di tutte quelle altre cose interessanti che vi piacciono. Osserviamo più da vicino come vivranno i figli di Dio una volta nel regno dei cieli.

Uno sguardo generale alla vita celeste

Poiché il vostro corpo fisico cambierà trasformandosi in un corpo spirituale, che consiste di spirito, anima e corpo celesti, potrete riconoscere vostra moglie, vostro marito, i figli e i genitori come li avreste riconosciuti sulla terra. Individuerete il vostro pastore ed il gregge spirituale a cui appartenevate durante la vita terrena. Ed inoltre, vi ricorderete di tutte quelle cose che qui avevate dimenticato. Sarete molto saggi perché potrete distinguere e capire pienamente la volontà del Signore.

Alcuni possono domandarsi, "...ma i miei peccati saranno resi pubblici nel cielo?" No, non sarà così. Se vi siete pentiti, il Signore non ricorda i vostri peccati, sono distanti da Lui quanto l'est dall'ovest (Salmo 103:12). Egli si ricorderà soltanto delle vostre buone opere. Tutti i vostri peccati sono stati perdonati dal momento che siete in cielo.

E quindi, qual è lo stile di vita che si conduce in cielo?

Il corpo celeste

Gli esseri umani e gli animali su questa terra hanno una propria figura ben riconoscibile, in modo che tutti possiamo distinguere un elefante da un leone, un'aquila da un gatto, una donna da un uomo.

Proprio come ogni corpo con la propria relativa figura è riconoscibile in questo nostro mondo tridimensionale, così sarà nel mondo quadrimensionale che è nei cieli: avrete un corpo celeste riconoscibile, sarete sempre voi. Ma a cosa somiglia un corpo celeste?

Quando il Signore ritornerà nell'aria, il vostro corpo umano sarà mutato in un corpo risorto, che è il corpo spirituale, e dopo il giudizio verrà trasformato in un corpo celeste. Ognuno, secondo la propria ricompensa, riceverà una luce e una gloria differenti.

L'"organismo" celeste ha carne ed ossa proprio come il corpo di Gesù dopo la resurrezione (Giovanni 20:27), ma è nuovo, ha uno spirito, un'anima e un corpo immarcescibile. Il nostro corpo deperibile verrà trasformato in nuovo corpo dalla parola e dal potere del Signore.

Questo nuovo fisico eterno ed indeteriorabile, splenderà perché è stato ripulito, ed anche se ad esempio a qualcuno sulla terra mancavano un braccio o un piede, o aveva qualche handicap, il suo corpo celeste sarà perfetto.

Il corpo celeste non è impalpabile come un'ombra ma ha una figura ben definita e non subisce gli effetti del tempo e dello spazio. Ecco perchè quando Gesù comparve ai discepoli dopo la sua resurrezione passava liberamente attraverso le pareti

(Giovanni 20:26).

Invecchiando, su questa terra, sul nostro fisico appaiono rughe ed altri acciacchi, mentre il corpo celeste sarà sempre fresco, è indeteriorabile, sarete sempre giovani e splenderete come il sole.

Età? 33 anni

Molti si domandano se il corpo celeste sarà quello di un adulto, di un giovane o di un bambino. In cielo, che siate morti giovani o vecchi, tutti avremo l'età di 33 anni, l'età di Gesù quando fu crocifisso.

Ma, perchè mai il Signore vi lascerà vivere per sempre fermi all'età di 33 anni nel cielo? Perché, parimente al sole che raggiunge il picco di luminosità a mezzogiorno, i "33 anni" possono essere considerati l'apice della vita di un essere umano.

Tutti siamo d'accordo nell'affermare che gli under 30 sono un poco inesperti ed immaturi, come che gli over 40 incominciano a perdere la forza essendo già iniziato il processo che li condurrà alla vecchiaia. Invece, intorno ai 33 anni, si è sia maturi che fisicamente ancora belli e capaci di tutte le proprie funzioni. Inoltre, la maggior parte delle coppie a questa età ha già avuto dei figli e di è quindi in grado di capire, almeno in parte, il cuore del Signore che coltiva gli esseri umani su questa terra.

Ecco come il Signore cambierà il vostro corpo, in modo che manteniate la gioventù perenne in cielo. L'età di 33 anni, senza ombra di dubbio, quasi per tutti, i migliori anni della vita sulla terra.

Nessuna corrispondenza biologica

Se in cielo si vivrebbe per sempre con l'aspetto fisico del momento in cui si è lasciato questo mondo, non pensate che sarebbe alquanto buffo? Mi spiego meglio. Diciamo che un uomo muore all'età di 40 anni e va in cielo, suo figlio, invece, muore e va in cielo all'età di 50 anni, e suo nipote al contrario, muore all'età di 90 anni, ed anche lui va in cielo. Quando si incontreranno, il nipote sembrerebbe più vecchio del nonno, che invece avrebbe l'aspetto più giovane.

Ecco perchè nel cielo, dove il Signore regna in giustizia e amore, tutti avranno l'età fisica di 33 anni e la corrispondenza biologica o fisica di questa terra non è applicabile.

Sebbene incontrerete i vostri familiari, riconoscendoli, in cielo nessuno sarà definito padre, madre, figlio o figlia, perché tutti siamo fratelli, figli e figlie di un solo Padre: Dio. Questo non vuol dire che non sarete consapevoli di incontrare i vostri genitori o i vostri figli che amate così tanto, anzi, al contrario, l'amore che ora provate gli uni verso gli altri, in cielo sarà amplificato e consolidato.

Poniamo il caso che una mamma viva nel secondo cielo e suo figlio nella Nuova Gerusalemme. Bene, sulla terra, naturalmente, il figlio deve servire e riverire sua madre, ma in cielo, tuttavia, sarà la mamma che piegherà il capo a suo figlio in quanto lui somiglia di più a Dio il Padre,—per questo vive nella Nuova Gerusalemme—ed il suo corpo celeste è più radiante di quello della madre.

In cielo non ci si chiamerà con i titoli ed i nomi che usate su questa terra, infatti Dio il Padre darà dei nuovi nomi spirituali a tutti, adatti alla natura di ognuno. E' già successo sulla terra, il Signore ha cambiato il nome di Abramo in Abraham, di Sarai in Sarah, di Giacobbe in Israele, quest'ultimo proprio a significato del fatto che Giacobbe aveva lottato con il Signore ed aveva vinto.

Differenze fra uomini e donne nel cielo

Nel cielo non esiste il matrimonio, sebbene sia ben evidente la distinzione tra uomini e donne. In primo luogo, gli uomini sono alti circa due metri e mezzo, mentre le donne sono più basse di circa un metro.

Molti si preoccupano così tanto riguardo la propria statura, chi si sente troppo basso, chi troppo alto, in cielo, questa è una preoccupazione di cui farete a meno. Come non avrete quella della linea perché tutti avremo una bella figura.

Il corpo celeste non pesa, sebbene sembri avere della consistenza. Questo perché, ad esempio, quando si cammina sui fiori, non li si schiaccia, non li si stritola. Sebbene il corpo celeste non abbia peso, non può essere portato via dal vento perché ha una sua densità, una sua figura e un'apparenza ben riconoscibili. Come un foglio di carta, quando lo sollevate vi sembra non avere peso, non è pesante, siete però coscienti che esiste ed ha la sua consistenza.

Per quanto riguarda i capelli del corpo celeste, sono biondi, leggermente ondulati. La lunghezza dei capelli degli uomini è all'incirca al collo, ma quella delle donne differisce, non è tutta uguale. Avere capelli lunghi per una donna significa aver ricevuto grandi ricompense dal Signore, di conseguenza, più i capelli sono lunghi, maggiore sono la gloria e l'orgoglio della donna che li porta. (1 Corinzi 11:15)

Sulla terra, la maggior parte delle donne fa di tutto per avere una pelle morbida e luminosa, usando cosmetici di ogni tipo, che mantengano la pelle tonica, soffice e senza rughe. In cielo tutti avremo una pelle immacolata, perfetta, liscia, splendente e luminosa di una luce gloriosa.

Il cuore della gente celeste

Chi vive in cielo ha il cuore dello Spirito Santo, che è la natura divina in sé, priva di qualsiasi male. Proprio come qui sulla terra a tutti piace guardare, avere o toccare le cose belle, anche il cuore di chi ha un corpo celeste desidera apprezzare e vivere la bellezza degli altri, guardarla e toccarla con piacere, la differenza sostanziale è che in cielo non esistono l'invidia e l'avidità.

Sulla terra, le persone cambiano ed agiscono secondo il proprio beneficio, si stancano spesso di quello che hanno e che fanno, anche se sono cose piacevoli e buone. In cielo, le persone non hanno cambiamenti repentini e non si annoiano.

Prendiamo ad esempio delle persone, qui su questa terra, che sono poco abbienti. Per magiare faranno la spesa in un discount, e sebbene il cibo non sarà sempre pregiato, troveranno comunque il modo di mangiare bene e deliziosamente, malgrado le ristrettezze economiche. Se questa stessa famiglia però cambia in meglio le condizioni economiche, non sarà più soddisfatta di ciò che prima trovava squisito ed andrà a fare la spesa dove si vende del cibo di qualità migliore. Pensate ai vostri figli, quando gli comperate un nuovo giocattolo, all'inizio sono tutti entusiasti, ma dopo qualche giorno non saranno più interessati a quel gioco e ne cercheranno uno nuovo. Nel cielo, non è così. Se gradite un cosa una volta, vi piacerà per sempre.

L'abbigliamento nel cielo

Alcuni pensano che i vestiti del cielo saranno tutti uguali. Non è così. Il Signore che è il creatore ed è un giusto giudice, vi ricompenserà secondo le vostre azioni, e di conseguenza, proprio come i premi nel cielo sono differenti, anche gli abiti lo sono (Apocalisse 22: 12). Ma come sarà l'abbigliamento nel cielo?

Abiti di colori e modelli diversi

Di base posso dire che in cielo tutti avremo dei vestiti luminosi, bianchi e radiosi, morbidi e lisci come la seta, accompagnando i movimenti di chi li indossa in modo stupendo. Poiché il livello della santificazione di ognuno è diverso, le luminosità e la luce di ogni vestito sono differenti. Maggiore la vostra somiglianza al Signore, maggiore la luminosità del vostro abito.

Non solo, secondo il lavoro che avrete svolto per il regno di Dio, in base a quanto Gli avete reso gloria sulla terra, gli abiti del cielo differiranno anche in stoffa e design.

Del resto, anche sulla terra, ci si veste secondo la propria condizione sociale ed economica, così nel cielo, i colori ed il design dell'abito che si indossano stanno a indicare quale sia la propria posizione celeste, se più in alto o al confine, come anche gli accessori che si portano e lo stile con cui si tengono i capelli, sono differenti relativamente al proprio premio.

Nell'antichità, si poteva riconoscere la classe sociale di appartenenza solo guardando i colori dei vestiti che si indossavano. Allo stesso modo, in cielo si potranno distinguere la posizione ed il volume delle ricompense ricevute da ognuno anche secondo i colori e il design del proprio vestito. Indossare delle tinte e dei modelli specifici, differenti dagli altri, sta ad indicare anche chi ha ricevuto una gloria maggiore.

Coloro che entrano nella Nuova Gerusalemme, che hanno quindi contribuito maggiormente per il regno di Dio, ricevono i vestiti più belli, più colorati e più luminosi.

Se non avete fatto molto per il Suo regno, riceverete solo pochi abiti in cielo. D'altra parte, invece, se avete lavorato tanto con fede ed amore per il suo regno, vi sarà consegnato un numero infinito di abiti, di tanti colori e modelli diversi.

Vestiti celesti con diversi decorazioni

Le differenti guarnizioni di ogni abito mostrano la gloria di ognuno, esattamente come le famiglie reali del passato esibivano la propria posizione applicando fregi speciali sui loro vestiti, le diverse decorazioni dell'abbigliamento mostreranno la posizione celeste e la gloria di cui ognuno dispone.

Impuntite nei vestiti del cielo ci sono decorazioni di gratitudine, di lode, di preghiera, di gioia, di gloria, e così via. Quando sulla terra lodate il Signore, quando la vostra mente lo adora con gratitudine per l'amore e la grazia che il Padre dimostra, o quando cantate per glorificarLo, Egli riceve il vostro cuore come un profumo e aggiunge una decorazione speciale di lode sui vostri vestiti soprannaturali.

Queste decorazioni sono ricamate eccellentemente, con grande cura, per quanti veramente hanno condotto una vita gioiosa e piena di gratitudine per la grazia di Dio il Padre che ha dato la vita eterna ed il regno dei cieli malgrado i dispiaceri e le prove della terra.

Le decorazioni della preghiera saranno ricamate per coloro che hanno pregato senza sosta, spargendo la propria vita in ginocchio per il regno del Signore. Fra tutti questi fregi, tuttavia, i più belli sono quelli della gloria, essendo anche i più difficili da guadagnare, in quanto sono donati solo a coloro che hanno speso interamente la propria vita per la gloria del Signore. Proprio come un re o un presidente ricompensa con una medaglia speciale o d'onore quel soldato che ha reso i migliori servigi, questo fregio di gloria è dato in modo speciale a coloro che hanno lavorato duro ed a lungo per il Suo regno, dando sempre solo a Lui la gloria di quanto compiuto. La decorazione di gloria è la più nobile di tutti gli ornamenti del regno dei cieli.

Corone e gioielli come premi

Il cielo è pieno di gioielli, alcuni sono donati come

ricompensa e intarsiati negli abiti. In Apocalisse si legge che il Signore stesso indossa una corona d'oro e una pettorina preziosa sul busto come ricompensa da parte di Dio il Padre.

La Bibbia menziona diversi tipi di corone dal valore diverso, donate come premio, e gli standard per riceverle variano secondo il loro valore.

Ci sono molti generi di corone, consegnate secondo le azioni di ognuno, tutte sono indeteriorabili, come quelle vinte dagli sportivi che gareggiano (1 Corinzi 9:25). La Bibbia parla della corona della gloria per coloro che hanno glorificato il Signore (1 Pietro 5:4), della corona della vita per quelli che sono stati fedeli fino alla morte (Giacomo 1:12; Apocalisse 2:10), la corona d'oro indossata dai 24 anziani intorno al trono del Signore (Apocalisse 4:4, 14:14) e la corona della giustizia, quella desiderata dall'apostolo Paolo (2 Timoteo 4:8).

Inoltre, questi diademi hanno anche figure diverse e decorazioni differenti, con applicazioni di gioielli, ornate d'oro finissimo, di fiori, di perle e così via. Dal genere di corona che ognuno riceverà in cielo saranno chiaramente riconoscibili la sua santità e le ricompense che ha ricevuto.

Sulla terra si possono avere dei gioielli solo acquistandoli con il denaro, pertanto li indossano soltanto quelli che se lo possono permettere, ma in cielo li porterete esclusivamente se vi sono stati donati come ricompensa. Fattori quali il numero di persone che avete condotto alla salvezza, la quantità di offerte che avete reso con vero cuore, l'estensione della vostra fedeltà determineranno le ricompense che riceverete. Di conseguenza, i gioielli e le corone sono diversi perché donati secondo le azioni di ognuno, come sono differenti, la luce, la bellezza, lo splendore ed il numero di gioielli con cui le corone saranno decorate.

Lo stesso vale per le case e le dimore celesti, infatti, queste sono "assegnate" secondo la fede di ognuno, in grandezza, in bellezza, in luminosità, in collocazione e genere – se case personali o condivise con altri - in decorazioni d'oro e di altri gioielli. Avrete uno sguardo più dettagliato su questo argomento dal capitolo 6 in poi.

L'alimentazione in cielo

Quando Adamo ed Eva vivevano nel giardino dell'Eden si nutrivano soltanto di frutti e piante da seme (Genesi 1:29), ma, dopo essere stati cacciati dal Giardino a causa della loro disobbedienza, dovettero sfamarsi con l'erba dei campi. In seguito al diluvio poi, gli esseri umani iniziarono a mangiare carne, infatti, via via che il genere umano diventava più maligno, peggiorava anche il suo cibo.

Che cosa si mangerà quindi nel cielo, dove non esistono il male e la malvagità? Ed in ogni caso, il corpo celeste ha realmente bisogno di mangiare? Nel regno dei cieli potrete bere l'acqua della vita e mangiare cibi diversi, come anche sentire l'odore della frutta, tutto esclusivamente per la vostra gioia.

La respirazione del corpo celeste

Proprio come sulla terra si respira, anche i corpi celesti

respirano nel cielo. Naturalmente, il corpo celeste non deve respirare per vivere, ma la differenza con la terra è che può respirare non soltanto con il naso e la bocca, ma anche gli occhi e tutte le cellule del suo corpo, e persino con il cuore.

Il Signore respira l'incenso emanato dai nostri cuori perché è spirito, infatti si compiaceva dei sacrifici degli uomini giusti, sentendo l'odore soave dei loro cuori ai tempi del Vecchio Testamento (Genesi 8:21). Nel Nuovo Testamento, Gesù, che è puro e senza macchia, ha dato sé stesso per noi, come un'offerta di dall'odore soave (Efesini 5:2).

Quindi, il Signore riceve l'aroma del vostro cuore quando adorate, pregate o cantate le sue lodi con vero cuore. Tanto più Gli assomigliate e diventate giusti, tanto più spargerete l'aroma di Cristo, la vostra offerta preziosa sarà ricevuta dal Signore con piacere attraverso il Suo respiro.

Matteo 26:29 ci dice che il Signore prega per voi da quando è asceso in cielo, senza aver mangiato nulla per gli ultimi due millenni, questo perché nel cielo, il corpo celeste può vivere anche senza mangiare o respirare. Voi vivrete per sempre in cielo perché il vostro corpo sarà trasformato in un corpo spirituale che non perirà mai.

Quando il corpo celeste respira, trattiene gioia e felicità e lo spirito si rigenera rinvigorendosi. Sulla terra ci si mantiene bene mangiando cibi gustosi e bilanciati per la propria salute, in cielo, respirando l'aroma fragrante del cielo, il corpo celeste riceverà benessere, ed ogni volta che inalerete l'aroma elargito dai fiori e dai frutti celesti, ne sarete soddisfati.

Non solo, l'aroma elargito dalle piante impregnerà tutto il

corpo celeste, e proprio come i profumi che usate sulla terra vi fanno sentire bene e soddisfatti, così sarà ogni volta che in cielo un fiore o un frutto vi trasferiranno il loro profumo. Dopo di che, il corpo celeste espelle questo profumo tramite espirazione finchè non si esaurisce.

Espellere attraverso il respiro

Com'è possibile quindi mangiare pur avendo un corpo celeste? La Bibbia dice che Gesù dopo la resurrezione comparve ai suoi discepoli ed era in grado di soffiare, quindi respirava (Giovanni 20:22) e mangiava del cibo solido (Giovanni 21:12-15). La ragione per cui il Signore risorto si cibò non era di certo perché fosse affamato, ma per condividere la gioia della tavola con i suoi discepoli, lasciandoci così sapere che anche in cielo, anche con il corpo celeste, si potrà mangiare. Ecco perchè la Bibbia ci ha raccontato che Gesù Cristo ebbe del pane e dei pesci per colazione dopo la sua resurrezione.

La Bibbia ci fa anche sapere che il corpo risorto è in grado di respirare, ma perchè? Quando mangerete nel cielo, il cibo sarà espulso immediatamente dissolvendosi sotto forma d'aria, attraverso il respiro. In pratica in cielo, il cibo si disintegra istantaneamente e lascia il corpo per mezzo del fiato, non c'è quindi nessuna esigenza di escrezione o di toilette. Quanto comodo e meraviglioso è il cibo consumato con il corpo celeste!

I trasporti nel cielo

Nella storia dell'umanità, avanzando il progresso e la scienza, i mezzi di trasporto sono diventati sempre più veloci e più comodi, e siamo passati dalle carrozze ai treni, dalle automobili, agli aerei ed altri ancora ne sono stati inventati.

In cielo scoprirete molti tipi di trasporto diversi, un sistema di trasporto pubblico simile ad un treno, ma anche dei mezzi di trasporto riservati quali "nuvole mobili" (simili a delle automobili) e dei veicoli dorati.

Tenete anche conto che il corpo celeste può "camminare" molto velocemente o persino volare perché ci si può muovere oltre lo spazio ed il tempo, ma è molto più divertente e carino utilizzare i trasporti che vi sono donati come premio.

Viaggi e spostamenti nel cielo

Pensate che meraviglia fare un viaggio tutt'intorno al regno dei cieli, vedere tutte le bellezze e le meraviglie che Dio ha fatto!

Ogni angolo del cielo ha la sua bellezza unica e sorprendente, e voi potrete goderlo in ogni sua parte, e, visto che i sentimenti del corpo celeste non cambiano mai, non sarete mai stanchi o annoiati di visitare lo stesso posto. Così viaggiare per il cielo sarà sempre interessante e piacevole.

Il corpo celeste in realtà non ha bisogno di nessun mezzo di trasporto perché non si stanca mai e può anche volare, tuttavia, l'uso di vari veicoli può essere comunque tanto più comodo. Anche per noi sulla terra è più confortevole prendere un bus invece di camminare, un taxi piuttosto che guidare o prendere la nostra macchina anziché andare sui mezzi pubblici.

Se nel regno dei cieli viaggiate sul treno celeste, che è decorato con molti gioielli colorati, arriverete a destinazione anche senza alcuna ferrovia e potrete muovervi liberamente sia a destra che a sinistra, o persino su e giù.

Quando gli abitanti del paradiso vanno nella Nuova Gerusalemme, dovranno muoversi su questo treno celeste perché i due luoghi sono parecchio distanti l'uno dall'altro, il che emozionerà grandemente i passeggeri, che volando attraverso luci luminose, potranno vedere i paesaggi incantevoli del cielo attraverso le finestre, ma quello che farà questi visitatori veramente felici, sarà il pensiero di vedere faccia a faccia Dio il Padre.

Fra i vari trasporti celesti, ce n'è uno, un veicolo dorato, condotto da chi risiede nella Nuova Gerusalemme. Questo mezzo di trasporto ha delle ali bianche e una sorta di pilota automatico interno, che leggendo la mente del conducente, lo porta dove egli desidera.

"Nuvola mobile"

Le nubi nel cielo sono una decorazione, delle aggiunte luminose alla bellezza divina, e così quando un corpo celeste può utilizzare le nubi per spostarsi, il corpo stesso prende la luminosità delle nuvole, che sarà ben visibile da tutti, e tutti gli renderanno onore.

La Bibbia dice che il Signore verrà sulle nuvole (1

Tessalonicesi 4:16-17) e questo perché arrivare sulle nubi di gloria è molto più maestoso, autorevole e potente che venire nell'aria senza niente. Nello stesso modo, le nubi del cielo esistono per aggiungere gloria ai figli di Dio.

Se siete qualificati per entrare nella Nuova Gerusalemme, voi potrete possedere la "nuvola mobile", una sorta di automobile preziosa, che non si compone di vapore come le nubi di questa terra ma è il nembo di gloria del cielo.

La "nuvola mobile" riflette la gloria, la dignità e l'autorità del proprietario, infatti non tutti potranno possederla, in quanto è donata solo a coloro che sono qualificati ad entrare nella Nuova Gerusalemme, vale a dire solo coloro completamente santificati e fedeli alla casa del Signore in ogni cosa.

Gli abitanti della Nuova Gerusalemme possono andare dovunque vogliano con accanto il Signore in persona su questo speciale mezzo di trasporto e durante il viaggio, saranno scortati e serviti dagli angeli, come sulla terra un re in viaggio è assistito dal suo entourage. Questo servizio di "scorta" dell'ospite celeste mostra ulteriormente l'autorità e la gloria del proprietario della "nuvola mobile".

Le "nuvole mobili" sono guidate solitamente dagli angeli, all'interno ci sono sedili ad uso riservato del proprietario, o sedili multipli dove ospitare amici e viaggiare insieme. Quando una persona della Nuova Gerusalemme gioca, ad esempio, a golf e si muove intorno al campo, la "nuvola mobile" si arresta ai suoi piedi, e quando vi sale, il veicolo si muove molto morbidamente verso la pallina che lui ha lanciato.

Immaginate di volare nel cielo, mentre guidate la vostra

"nuvola mobile", scortati degli angeli nella Nuova Gerusalemme, ed anche che a volte, quando viaggiate, il Signore in persona è accanto a voi, o che fate gite nel cielo treno celeste con le persone che amate. Sono sicuro che adesso, nel pensare a tutto questo, siete sopraffatti da una gioia indescrivibile.

Intrattenimento nel cielo

Alcuni possono pensare che in quanto esseri spirituali non avremo molto divertimento nel cielo, ma non è così. Qui sulla terra ci ritagliamo momenti di svago ed intrattenimento, che prima o poi finiscono col stancarci, ma nel mondo spirituale, il "divertimento" è sempre nuovo e rinfrescante.

Mentre vivete in questo mondo, più integro è il vostro uomo spirituale, più profondo l'amore che potete sperimentare e di conseguenza siete più felici. Nel cielo, potrete godere non soltanto dei vostri hobby preferiti ma anche di molti altri generi di intrattenimento incomparabilmente più piacevoli di tutte le forme di svago della terra.

Praticare hobby e distrazioni

Sulla terra gli uomini sviluppano dei talenti rendendo la propria vita più abbondante attraverso degli hobby, ed anche nel cielo potrete continuare a praticare gli hobby che qui vi rallegrano. E non solo, potrete praticare tutte quelle cose, lecite, da cui vi siete astenuti e che non avete avuto tempo di praticare per dedicarvi al regno di Dio. Imparerete tante cose nuove.

Coloro di voi interessati alla musica potranno lodare il Signore imparando a suonare l'arpa, il pianoforte, il flauto e molti altri strumenti, rapidamente, perché nel cielo si diventa ogni giorno più sensati.

Potrete intrattenere conversazioni con il creato e gli animali celesti a vostro piacere, perché anche la flora e la fauna riconoscono i figli di Dio, li accolgono favorevolmente ed esprimono loro amore e rispetto.

Disporrete della facoltà di praticare molti sport quali tennis, pallacanestro, bowling, golf ed altri, ma non di tutti quegli sport che possano nuocere agli altri, come il wrestling o la box. Le strutture e le attrezzature a vostra disposizione non saranno pericolose, perché costruite con materiali meravigliosi e sicuri, decorate con oro e vari gioielli per procurarvi la maggiore felicità possibile ed il massimo piacere mentre praticate il vostro sport preferito.

Tutte le apparecchiature sportive sono in grado di riconoscere il cuore di chi le usa, e si prodigano per il loro piacere. Ad esempio, se vi piace il bowling, la sfera o i birilli cambiano colore, posizione e distanza secondo il vostro gradimento. Se desiderate far vincere chi gioca con voi, i birilli si muoveranno secondo il vostro desiderio.

Nel cielo, non essendoci né malvagità né desiderio di primeggiare, nessuno desidera vincere o sconfiggere i compagni di gioco, anzi il vero piacere è far vincere gli altri. A questo punto, alcuni potrebbero mettere in discussione il significato del gioco stesso, che non avendo né vincitore né vinto, perderebbe la propria essenza. Sappiate quindi, che, nel cielo il piacere non si ha quando si vince contro qualcuno, ma quando si gioca.

Naturalmente però, ci sono alcuni giochi in cui in esiste una sana ed onesta competizione. Uno di questi, ad esempio è il gioco delle fragranze: chi respira un maggiore profumo di fiori mescolandoli in modo migliore, vince, anche perché l'essenza inalata viene rilasciata dal vostro corpo e tutti ne possono godere.

Vari tipi di intrattenimento

Quelli di voi che amano i videogiochi, li troveranno, ed anche più piacevoli di quelli della terra, a differenza, che quelli del cielo non stancano e non peggiorano la vostra vista, ed ovviamente, non vi annoiano. Al contrario, vi fanno ringiovanire, vi danno pace, e quando vincete o ottenete il punteggio migliore, non perdete interesse ma continuate a divertirvi.

Chi abita nel cielo ha un corpo celeste, pertanto, non si spaventa di cadere quando va nei luna park o nei vari parchi di divertimento, quando sale sulle montagne russe o sua altre giostre che sulla terra potrebbero spaventare, ritenendo soltanto l'emozione e la piacevolezza che un giro in giostra deve dare. Così in cielo persino quelli che sulla terra soffrono di agorafobia potranno realizzare le cose che sulla terra non riuscivano a fare.

Infatti, anche se dovesse capitare di cadere dal seggiolino delle montagne russe, non vi farete niente, perché avete un corpo celeste, atterrerete in modo sicuro padroneggiando il salto come fanno i maestri delle arti marziali, e in ogni caso, gli angeli vi proteggeranno. Immaginate che bellezza e che gioia andare sulle montagne russe seduti insieme al Signore e ai vostri cari!

Adorazione,
formazione e cultura celesti

Siccome in cielo non è necessario lavorare per mangiare, per vestirsi o per garantirsi un posto dove abitare, alcuni si potrebbero domandare: "Ma che cosa stiamo andando fare in cielo per sempre? Non ci trasformeremo mica in vegetali?" No. Non preoccupatevi, non sarà così.

Nel cielo, ci sono moltissime cose che potrete fare e di cui godere felicemente, molte attività interessanti ed emozionanti, eventi, giochi, formazione, servizi di culto, feste e festival, viaggi e sport.

Non siete tenuti o costretti a partecipare a queste attività, ognuno fa quello che desidera con gioia, anche perché tutto quello che si fa in cielo procura abbondante felicità.

Adorare con profonda gioia davanti a Dio il creatore

Anche in cielo, come sulla terra, ci sono servizi di culto e di adorazione ad orari specifici con la sola differenza che qui è Dio in persona ad insegnare. In questo modo potrete acquisire nozioni ed imparare cose nuove sull'origine di Dio e del mondo spirituale.

Quando studiate qualcosa e l'argomento vi piace, generalmente, siete anche impazienti tra una lezione e l'altra,

121

avete voglia di sapere, di imparare. Quando nascete di nuovo, questa è l'attitudine che dovreste avere verso i servizi di culto, l'adorazione, la predicazione e la vita di chiesa.

Riuscite ad immaginare in cielo che gioia, partecipare a servizi di adorazione dove è il Signore in persona che presiede, ascoltare predicazioni direttamente dalla sua voce. Non ci sarà bisogno di inginocchiarsi o di pregare con gli occhi chiusi come fate sulla terra, è arrivato il momento di chiacchierare con il Signore. Le preghiere nel cielo sono conversazioni con il Dio il Padre, il Signore e lo Spirito Santo. Quanto felici saranno questi momenti!

Adoreremo il Signore come su questa terra, ma non nella nostra lingua, lo loderemo con canzoni nuove, capiterà anche che i membri di una stessa chiesa, o credenti che sulla terra hanno vissuto momenti di prova insieme, si uniscono, a volte anche con il loro pastore, per avere un momento di comunione.

Ma, tecnicamente, come è possibile che gli abitanti del cielo adorino insieme, visto che sono così tanti e abitano in luoghi differenti? Nel cielo la luce irradiata da ogni corpo celeste è diversa a seconda del luogo di dimora, così che gli abitanti delle location inferiori devono indossare degli abiti appropriati per recarsi nei luoghi celesti più alti. Quindi, per partecipare ai servizi di adorazione che si tengono nella Nuova Gerusalemme, ad esempio, tutti, eccezion fatta per chi vi abita, dovranno prendere in prestito gli abiti appropriati.

In ogni caso, proprio come potete assistere e guardare ovunque nel mondo lo stesso programma attraverso il satellite si potrà fare la stessa cosa nel cielo. Potrete guardare e partecipare i servizi di adorazione che si tengono nella Nuova Gerusalemme da ogni altro luogo del cielo, solo che lo schermo del cielo è così naturale che vi sembrerà di essere lì in persona.

Inoltre, se avete un'autorità spirituale, potrete invitare i padri della fede come Mosè o Paolo l'apostolo a seguire i culti con voi.

Imparare segreti spirituali nuovi e profondi

I figli di Dio imparano molte verità spirituali mentre sono coltivati sulla terra, ma ciò che impariamo qui è solo un puntino rispetto a ciò che sapremo in cielo. Infatti, dopo essere entrati nel cielo, inizieremo ad imparare elementi sul nuovo mondo.

Quando i credenti in Gesù Cristo muoiono, tranne quelli che abiteranno nella Nuova Gerusalemme, rimangono nella zona situata al bordo del paradiso e li iniziano ad imparare "l'etichetta" e le regole del cielo dagli angeli.

Come sulla terra, crescendo, impariamo i principi e le dinamiche che ci permettono di adattarci alla società in cui viviamo, anche nel nuovo mondo del regno spirituale, dovrete apprendere dettagliatamente il comportamento e l'etichetta del cielo.

Alcuni potranno domandarsi perchè studiare anche nel cielo quando abbiamo già imparato molte cose sulla terra. L'apprendimento sulla terra è un processo spirituale di allenamento, ma la vera conoscenza inizierà in cielo.

In ogni caso, non c'è fine a ciò che possiamo imparare sul Signore, il suo regno è infinito e durerà per sempre, in eterno. Non importa quanto sapete, non potrete mai imparare tutto completamente su Colui che è dal principio, non potrete mai conoscere completamente la profondità di Colui che è da sempre presente, che controlla l'universo intero e tutto ciò che esso contiene.

Di conseguenza, è chiaro che sono infinite le cose che potrete imparare nel regno spirituale eterno, anche perché sarà tutto molto interessante, divertente, e nuovo, molto diverso dagli impegni per l'apprendimento di questo mondo.

Inoltre, lo studio in cielo non è mai obbligatorio, non ci sono gli esami, non vi dimenticherete mai cosa avete imparato, per cui non è un'attività pesante o sfinente. In cielo non vi annoierete mai, non sarete mai inattivi, imparerete sempre cose nuove e meravigliose.

Feste, banchetti e performance

Nel regno dei cieli ci saranno anche tante feste, banchetti, e intrattenimento. Le feste in particolare sono proprio i momenti più alti di gioia, dove avrete il piacere e la felicità di vedere direttamente le ricchezze, la libertà, la bellezza e la gloria del cielo in un colpo solo.

Proprio come la gente su questa terra si prepara in modo speciale per andare ad eventi prestigiosi, per mangiare, bere e godere delle cose migliori, anche voi avrete modo di preparavi per le feste in cielo, dove incontrerete tantissimi altri che come voi sono abbigliati in modo speciale. Nelle feste si di balla, si ascoltano concerti, si canta, il suono di risate piene di felicità è ovunque.

Nel regno dei cieli ci sono anche arene come la Carnegie Hall di New York City o il Teatro dell'Opera di Sydney in Australia in cui potrete godere varie esibizioni canore, che nel cielo non innalzano nessuno, glorificano soltanto il Signore, donandogli gioia e felicità.

Quelli che si esibiscono nei teatri celesti sono principalmente coloro che sulla terra hanno più adorato il Signore con lode, danze, strumenti musicali ed altre forme d'arte. A volte questi maestri canteranno o suoneranno le stesse canzoni che facevano qui. Ma non solo. C'è posto anche per quanti hanno sempre desiderato fare questo sulla terra ma non hanno potuto per varie circostanze. Anche loro potranno lodare il Signore con nuove canzoni e nuovi balli nel cielo.

Inoltre, ci sono anche i cinema, dove vedrete dei film, nel primo e nel secondo regno dei cieli, i cinema sono spazi comuni, invece, nel terzo regno e nella Nuova Gerusalemme, ogni residente ha la sua sala da cinema privata, dove vedere i film da soli o invitare gli amici e le persone amate per una "serata film" e per mangiare insieme spuntini.

Nella Bibbia, l'apostolo Paolo fu rapito al terzo cielo, ma non rivelò mai nulla a nessuno di quello che vide (2 Corinzi 12:4). Infatti, è molto difficile rendere comprensibile il cielo per le persone in generale, perché essendo un mondo pressoché sconosciuto, ci sono buone probabilità che ciò che si dice venga frainteso.

Il cielo appartiene al mondo spirituale, ci sono tante cose che non potete capire o immaginare, felicità e gioia permeano ogni angolo, in maniera e modo che mai potrete avvertire su questa terra.

Il Signore ha preparato un posto così meraviglioso dove voi potrete vivere e per questo tramite la Bibbia vi esorta ad essere forniti delle qualifiche adatte per entrarvi. Prego nel nome di Gesù Cristo che possiate ricevere con gioia da Lui tutto ciò che vi necessita per essere pronti come sua sposa quando ritornerà.

Capitolo 6

Il Paradiso

Allora Gesù gli disse:
«In verità ti dico: oggi tu sarai con me in paradiso».
- Luca 23:43

Tutto coloro che credono in Gesù Cristo come personale salvatore ed i cui i nomi sono registrati nel libro di vita godranno della vita eterna nel cielo. Ho spiegato in precedenza, tuttavia, che esistono livelli di sviluppo della fede e che i luoghi di dimora, le corone e le ricompense nel cielo dipenderanno dalla misura di fede di ognuno.

Più il vostro cuore somiglia al cuore del Signore, più vicino sarete al suo trono, di conseguenza, anche il contrario è vero.

Il paradiso è il posto del cielo più lontano dal trono del Signore, è il posto dove la luce di gloria di Dio risplende di meno, è in pratica il livello più basso dei cieli. Ciononostante, è incomparabilmente più bello di questa terra e molto più bello del giardino dell'Eden.

Ma che tipo di posto è il paradiso e, chi ci vivrà?

La bellezza e la felicità del paradiso

La zona al confine del paradiso è utilizzata come luogo d'attesa fino al giorno del giudizio finale davanti al trono bianco (Apocalisse 20:11-12). Tutti i salvati, dai giorni antichi fino agli ultimi, eccezion fatta per quelli il cui cuore è simile a quello del Signore e che già si trovano nella Nuova Gerusalemme aiutandoLo a preparare le dimore celesti, aspettano in questa zona ai confini del paradiso.

Da ciò possiamo comprendere quanto il paradiso sia grande, visto che tutti i salvati, di ogni era e nazione aspettano ai bordi del paradiso. Questo luogo immenso, è anche il più basso del regno dei cieli, ma, è comunque incomparabilmente più bello e più felice di questa terra che invece è il posto maledetto dal Signore. Il paradiso è anche più felice del giardino dell'Eden, in quanto è dove vivranno coloro che il Signore si è coltivato.

Ora diamo un'occhiata più da vicino alla bellezza e alla felicità del paradiso, come Dio me l'ha rivelato.

Pianure immense ripiene di flora e fauna

Il paradiso è come una vasta pianura, piena di aiuole e giardini curatissimi, sono infatti gli angeli che si svolgono la manutenzione di questi parchi. Il cinguettio degli uccelli, che qui sono simili a quelli della terra solo un po' più grandi e con piume più belle, è cosi limpido e puro che echeggia nell'intero paradiso.

Inoltre, gli alberi ed i fiori dei giardini del paradiso sono sempre freschi ed incredibilmente meravigliosi, e a differenza di quelli sulla terra, questi non appassiscono con il passare del tempo, e gli alberi sono sempre verdi. Quando vi avvicinate a dei fiori, questi vi sorridono rilasciando il loro inconfondibile profumo.

Gli alberi producono una grande varietà di frutti, in linea generale sono un po' più grandi dei frutti come li conosciamo sulla terra, con la buccia lucida, sono sempre squisiti, e non occorre pelarli perché non ci sono né polvere né parassiti.

Riuscite ad immaginare la scena: persone che si vogliono bene sedute su una pianura infinita che parlano e mangiano da cesti pieni di frutta super appetitosa?

Sparpagliati in questa immensa pianura ci sono molti animali fra cui anche leoni, molto più grandi dei leoni della terra, dal manto lucido, morbido e pulito, per nulla aggressivi.

Il fiume dell'acqua della vita scorre calmo

Il fiume dell'acqua della vita origina nella Nuova Gerusalemme e scorre verso il paradiso, non va mai in secca né è mai inquinato. L'acqua di questo fiume, che proviene direttamente dal trono del Signore, rinfresca ogni luogo in cui scorre e rappresenta il cuore stesso del Signore: libero, puro, senza macchia, brilla di luce propria, senza tenebre, perfetto e completo in tutto.

Il fiume dell'acqua della vita scorre sereno, quieto come il mare in un giorno di sole, è così chiaro e trasparente che non può essere paragonato a nessuna sostanza liquida di questa terra. Osservandolo da una certa distanza, sembra blu come il profondo blu del Mediterraneo o dell'Oceano Atlantico.

Su ogni sponda del fiume ci sono delle panchine, ed intorno a queste gli alberi di vita che portano frutto ogni mese. I frutti dell'albero della vita sono più grandi dei frutti di questa terra, hanno un sapore e un profumo così squisiti che non trovo le parole per descriverli adeguatamente. Si fondono nella bocca come lo zucchero filato.

Nessun proprietà personale in paradiso

Nel cielo, i capelli degli uomini sono lunghi all'incirca fino al collo, mentre la lunghezza dei capelli delle donne riflette la quantità di ricompense ricevute, più i capelli sono lunghi maggiori le ricompense. La gente nel paradiso, tuttavia, non riceve né premi né ricompense, e quindi i capelli delle donne sono poco più lunghi di quelli degli uomini.

Tutti indossano dei vestiti bianchi tessuti in un pezzo solo, ma senza decorazioni come ricami, spille, corone o diademi per i capelli, questo perché non si sono prodigati per il regno del Signore quando hanno vissuto su questa terra.

Allo stesso modo, poiché tutto coloro che abiteranno nel paradiso non hanno ricompense, nessuno ha una casa di proprietà, né corona, né ornamenti o angeli personali assegnati al proprio servizio. Vivono tutti nel paradiso servendosi l'un l'altro.

Molto simile al paradiso è il giardino dell'Eden, anche qui non ci sono case personali, ma vi è una differenza significativa nella felicità che si vive. Chi abita in paradiso può chiamare il Signore "Abba Padre" perché ha accettato Gesù Cristo e ricevuto lo Spirito Santo, e pertanto vive di una contentezza che è sconosciuta agli abitanti del giardino dell'Eden.

Ritenete, quindi, come grande benedizione, come una cosa preziosa l'essere nati in questo mondo, malgrado le prove e i dolori, a voi è stato dato il privilegio di diventare figli di Dio. Abbiate fede!

Il paradiso, luogo di gioia e felicità

Anche la vita nel paradiso è piena di felicità e di gioia e verità perché non esiste il male ed ognuno cerca il beneficio degli altri prima che il proprio. Nessuno nuoce il prossimo, ci si serve a vicenda con amore. Che vita deliziosa!

Inoltre, non dovendo preoccuparsi riguardo la sistemazione, i vestiti, il cibo, considerando il fatto che in paradiso non ci sono né lacrime, né dispiacere, né malattie, né dolore e la morte, di

"E Dio asciugherà ogni lacrima dai loro occhi, e non ci sarà più la morte né cordoglio né grido né fatica, perché le cose di prima son passate". (Apocalisse 21:4).

Anche in paradiso, come del resto è già presente tra gli angeli, ci sarà una gerarchia, vale a dire dei rappresentati e dei rappresentati. Poiché le azioni e il livello di fede di ognuno sono diversi, quelli con una fede relativamente più grande sono nominati rappresentanti ed incaricati di un determinato gruppo di persone.

Costoro indossano degli abiti di colore diverso dagli altri ed

131

hanno la priorità su tutto, e tale trattamento non deve essere considerato un'ingiustizia in quanto è proprio la giustizia divina che determina queste cose secondo le azioni di ognuno sulla terra.

Poiché non vi è né gelosia né invidia nel cielo, nessuno si offende quando le cose migliori vengono donate agli altri, al contrario, tutti sono felici di vedere altri ricevere cose buone.

Lo ripeto di nuovo, il paradiso è un luogo incomparabilmente migliore della terra.

Chi entra in paradiso?

Il paradiso è un luogo bello, direttamente ispirato e costruito dall'amore e dalla misericordia di Dio, è per coloro che non possono essere denominati "veri figli di Dio", ma che hanno comunque conosciuto il Signore, che hanno creduto in Gesù Cristo e che quindi non possono essere mandati all'inferno. Ma esattamente, chi entra in paradiso?

Pentimento precedente alla morte

In primo luogo, il paradiso è il posto per coloro che si sono pentiti poco prima di morire, che hanno accettato Cristo al modo del ladrone crocifisso a fianco a Gesù. Luca 23:39 racconta che due criminali furono crocifissi ai lati di Gesù. Uno insultava il Signore mentre l'altro lo sgridava, si pentì ed accettò Gesù come suo Salvatore, e che quindi il Signore gli rispose *"...in verità io ti dico che oggi sarai con me in paradiso."* Il criminale accettò Gesù come suo Salvatore qualche attimo prima di morire e quindi non ebbe il tempo e il modo di liberarsi dei suoi peccati, né di vivere secondo la parola di Dio non potendola studiare e di conseguenza non poté metterla in pratica.

Il paradiso è quindi il luogo di dimora eterna per coloro che hanno accettato Gesù Cristo, ma non hanno mai fatto nulla per il suo regno, proprio come questo criminale di Luca 23.

Tuttavia, se pensate di accettare il Signore appena prima di morire in modo che possiate andare in paradiso che è comunque un luogo bello e felice, sappiate che la vostra è un'idea totalmente errata. Il Signore ha permesso che il criminale fosse salvato perché in quel momento nel suo cuore amò il Signore ed Egli sapeva che anche se fosse vissuto, avrebbe continuato ad amarlo.

Tuttavia, non si può decidere di accettare il Signore poco prima di morire anche perché la fede che conduce alla salvezza non è a comando. Considerate questo caso un evento raro, anche perché chi come il criminale in questione riceve questa salvezza, ha ancora molta malignità nel proprio cuore perché fino a quel momento ha condotto una vita secondo la propria concupiscenza.

Certo, tutti costoro saranno per sempre riconoscenti al Signore per il fatto che sono nel paradiso e godono della vita eterna nel cielo solo per il semplice fatto che hanno Gesù Cristo come loro Salvatore, sebbene non abbiano mai fatto qualcosa con fede per Lui su questa terra.

Certo il paradiso è molto differente dalla Nuova Gerusalemme dove ha sede il trono del Signore, ma il semplice fatto di non trovarsi all'inferno per l'eternità rende queste persone immensamente grate e felici di vivere in paradiso.

Mancato sviluppo della fede spirituale

Oltre a coloro che sono stati salvati per il fuco, andranno in paradiso anche quelli la cui fede non è mai cresciuta e non sto parlando solo dei nuovi credenti ma anche di quelli che sono credenti da molto tempo: vivranno in paradiso se sono ancora al primo livello di fede.

Una volta il Signore mi permise di ascoltare la confessione di un credente che era stato nella fede per molti anni, e che ora sta nel luogo d'attesa ai confini del paradiso.

Era nato in una famiglia dove non solo non si conosceva il cristianesimo ma che adorava degli idoli. Lui arrivò alla conoscenza del vangelo in tarda età e, siccome la sua fede non era salda, viveva ancora legato dal peccato, aveva delle sofferenze fisiche e perse anche la vista da un occhio. Dopo aver letto la mia testimonianza nel libro "Gustare la vita eterna prima della morte", comprese meglio le dinamiche della fede ed iniziò il cammino dei livelli della fede, servendo il Signore nella chiesa.

Il Signore mi ha permesso di ascoltare la sua dichiarazione di gioia e di gratitudine per la sua salvezza ed anche perché dopo molte sofferenze, prove e dolori dovuti a diverse malattie, è morto ed è andato in paradiso. Questo quello che ho udito:

"Sono libero e felice di essere arrivato in questo luogo. Finalmente la mia carne non è più un peso per me, non so perché ho continuato a rimanere attaccato alle cose carnali, ma ora mi rendo conto che erano tutte insignificanti, anche perché tutte quelle cose, qui, che il mio corpo non c'è più, sono inutili.

Nella mia vita sulla terra ci sono stati periodi di gioia e gratitudine ma anche di disappunto e disperazione.

Ora, qui, vivendo in tutta questa felicità e circondato da tanta comodità, mi rendo conto che sono stupidamente rimasto attaccato a cose senza senso, e che anche la mia vita era senza significato. In questo posto confortevole e meraviglioso alla mia anima non manca niente, e per il fatto stesso che mi trovo in questo luogo di salvezza, la mia gioia è profonda. Sto benissimo ora perché non ho più la mia carne e finalmente sono soddisfatto, dopo aver vissuto una vita sfibrante sulla terra. Non sapevo, ah se avessi potuto comprendere che meraviglia vivere senza la carne, ora sto in pace, sono allegro e sono felice.

Sulla terra non ci vedevo bene, non camminavo bene e non potevo fare molte altre cose, era tutta una sfida fisica per me a quel tempo, ma ora qui, in questo posto magnifico, sono pieno di gratitudine per aver ricevuto la vita eterna.

Io non sto né al primo cielo, né al secondo, né al terzo, non vivo nella Nuova Gerusalemme, mi trovo nel paradiso ma sono immensamente grato e lo sarò per sempre, di trovarmi qui.

La mia anima è soddisfatta con questo.
La mia si compiace di tutto questo.
La mia anima è felice qui.
La mia anima è piena di gratitudine.

Sono allegro e riconoscente perché ho finito una vita indigente e misera per venire qui a vivere una vita felice e comoda."

Retrocessione nella fede a motivo delle prove

Poi, ci sono quei credenti che sono stati fedeli per un tempo, ma gradualmente sono divenuti tiepidi nella loro fede per una varietà di motivi e retrocedono fino quasi a perdere la salvezza.

A questo proposito vorrei parlarvi di un uomo, un anziano della mia chiesa che aveva servito fedelmente il Signore in molti modi. La sua fede sembrava essere grande, per lo meno dall'esterno, ma un giorno, improvvisamente, si ammalò seriamente. Stava così male da non essere in grado di parlare, e venne da me per ricevere preghiera. Invece di pregare per la sua guarigione, fui guidato a pregare per la sua salvezza, seppi dopo, infatti, che questo fratello vedeva letteralmente la sua anima contesa fra gli angeli che provavano a portarla nel cielo e gli spiriti maligni invece che invece cercavano di prendersi la sua anima per condurlo all'inferno. Se avesse avuto abbastanza fede da essere salvato, quegli spiriti lo avrebbero lasciato. Così, immediatamente, pregai cacciando via gli spiriti del male ma anche chiedendo al Signore di ricevere quest'uomo con Lui. Subito dopo la preghiera, si sentì meglio, iniziò a piangere e si pentì proprio qualche attimo prima di morire, appena in tempo.

Che vergogna agli occhi del Signore, vivere nel peccato, soprattutto se avete ricevuto lo Spirito Santo e rivestite una posizione nella chiesa, magari di diacono o di anziano. Se non vi pentite da questo genere di condotta spirituale tiepida, lo Spirito Santo in voi gradualmente sparirà e voi perderete la salvezza.

> *"lo conosco le tue opere, che tu non sei né freddo né caldo. Oh, fossi tu freddo o caldo! Così, perché sei tiepido e non sei né freddo né caldo, io sto per vomitarti dalla mia bocca." (Apocalisse 3:15-16).*

Spero abbiate compreso che andare in paradiso indica che siete stati salvati solo per il fuoco, e che questo vi porti ed essere più entusiastici e vigorosi nello sviluppo della vostra fede.

Questo uomo molti anni prima aveva ricevuto salvezza e benessere tramite la mia preghiera e perfino sua moglie era ritornata in vita dalla soglia della morte attraverso la mia invocazione. Prima della salvezza aveva vissuto grosse difficoltà in famiglia, ma ascoltando le parole di vita, la sua divenne una casa felice. Da allora, maturò notevolmente divenendo un operaio fedele nel campo del Signore prodigandosi notevolmente per Lui.

Tuttavia, quando la nostra comunità affrontò una prova molto difficile, egli non difese e non protesse la sua chiesa ma permise che i suoi pensieri fossero controllati da satana. Le parole che uscirono dalla sua bocca formarono un grande muro di peccato tra lui e il Signore, finché non visse più sotto la protezione divina e fu colpito da una seria patologia.

Come operaio del Signore non avrebbe dovuto vedere o ascoltare menzogne, ma purtroppo, non solo prestò orecchio a cose che erano contro la verità ed il Signore, ma divenne un canale attraverso il quale la menzogna si sparse tra molti credenti ed il Signore girò il suo viso per non vedere. L'uomo in questione a sua volta, voltò le spalle all'immensa grazia divina, dimenticandosi di tutto ciò che il Signore della verità aveva fatto per lui.

Di conseguenza, non ebbe neanche più la forza di pregare, il suo premio celeste andò in frantumi e la sua fede retrocesse fino al punto in cui stava per perdere anche la salvezza. Fortunatamente, il Signore si ricordò dei servizi che quest'uomo aveva reso alla chiesa nel passato e gli permise di ricevere la salvezza per il fuoco, dandogli grazia di pentirsi da ciò che aveva fatto.

Pieno di gratitudine per la salvezza

Che genere di dichiarazione può fare quest'uomo che oggi vive in paradiso dopo essere stato salvato ad un passo dall'inferno? Posso sentirlo dire quanto segue:

"Sono stato salvato ad un passo dalla perdizione eterna, ed anche se mi trovo nel paradiso, vivo soddisfatto perché sono stato liberato da grande paura e fatica. Il mio spirito, che sarebbe stato mandato nelle tenebre, è invece entrato in questa luce confortevole e meravigliosa."

Che grande gioia essere stato liberato dal timore di inferno! Tuttavia, poiché fu salvato per il fuoco mentre rivestiva il ruolo di anziano della chiesa, il Signore mi lasciò ascoltare la sua preghiera di pentimento mentre si trovava nella tomba superiore prima di essere portato nel luogo d'attesa nel paradiso. Continuando anche lì a pentirsi dei suoi peccati mi ringraziò per aver pregato per lui. Inoltre ha fatto voto al Signore di pregare continuamente per la chiesa e per me finché non ci incontreremo di nuovo nel cielo.

Dall'inizio della coltura umana su questa terra, sono molti di più quelli che vivono in paradiso che la totalità di tutti gli altri che risiedono nei vari luoghi del regno di cieli.

Quelli salvati "in extremis" una volta che giungono in paradiso sono pieni di gratitudine perché gli è stata data la possibilità di risiedere un questo luogo così confortevole e di godere di grandi benedizioni. La loro riconoscenza è immensa soprattutto perché non sono stati mandati all'inferno malgrado non abbiano condotto una vita cristiana degna di questo nome sulla terra.

Come ho già detto in precedenza, la felicità nel paradiso non è neanche lontanamente simile a quella della di Nuova Gerusalemme, ma è anche molto differente dalla felicità del livello seguente al paradiso, il primo regno dei cieli. Quindi, spero che tutto questo vi renda consapevoli, che per il Signore non sono importanti tanto gli anni che siete nella fede ma l'attitudine del vostro cuore verso di Lui e la sua volontà.

Oggi, molti di quelli che dichiarano di aver ricevuto lo Spirito Santo, purtroppo indulgono e vivono nel peccato. Sappiate che costoro potranno essere forse salvati per il fuoco ma anche cadere nella morte che è l'inferno eterno, perché lo Spirito Santo in loro sparirà

Altri religiosi, invece, nell'apprendere molta conoscenza dalla parola di Dio divengono arroganti, giudicando altri credenti, condannandoli, giudicando soprattutto quelli che sono nel cammino della fede da lungo tempo. Non importa quanto entusiastici e fedeli siano riguardo il ministero del Signore, sarà tutto inutile se non realizzano che nei loro cuori c'è una natura malvagia e peccaminosa di cui si devono urgentemente liberare.

Prego nel nome del Signore che voi, figli di Dio che hanno ricevuto lo Spirito Santo, vi liberiate al più presto dei vostri peccati e di ogni malvagità che è ancora presente nel vostro cuore, sforzandovi di comportarvi secondo la parola del Signore.

Capitolo 7

Il primo regno dei cieli

"Ora, chiunque compete nelle gare si auto-controlla in ogni cosa; e quei tali fanno ciò per ricevere una corona corruttibile, ma noi dobbiamo farlo per riceverne una incorruttibile."

- 1 Corinzi 9:25

Il paradiso è il luogo per coloro che hanno accettato Gesù Cristo ma che non hanno mai messo in azione la propria fede. È uno spazio di gran lunga più incantevole e più raggiante di questa terra, e di conseguenza, quanto più bello sarà il primo regno dei cieli, il posto per coloro che hanno provato a vivere secondo la parola del Signore?

Il primo regno è più vicino al trono di Dio del paradiso, ma non è il posto migliore del cielo, ce ne sono infatti, molti altri. Tuttavia, coloro che entrano nel primo regno sono comunque soddisfatti con quello che hanno e si ritengono completamente felici. Come il pesciolino rosso che ha tutto e non desidera nulla in più, sono soddisfatti della loro bella vaschetta di vetro.

Nei prossimi paragrafi osserveremo dettagliatamente il primo regno dei cieli, che è un livello superiore al paradiso e soprattutto, vedremo chi può entrarvi.

Magnificenza e felicità
superiori al paradiso

Poiché il paradiso è il posto per coloro che non hanno mai messo in azione la propria fede, non ci sono proprietà personali tra le ricompense. Invece, dal primo regno dei cieli in su, tra le ricompense e i premi celesti ci sono proprietà personali, come abitazioni e corone.

Nel primo regno ognuno vive nella propria casa e riceve la sua corona eterna. Possedere la propria abitazione nel cielo è di per sé una grande gloria, ecco uno dei motivi per cui la felicità di questo luogo non può essere confrontata a quella del paradiso.

Dimore personali decorate finemente

Le residenze personali del primo regno non sono case separate ma assomigliano piuttosto ad appartamenti o ai condomìni di questa terra. Tuttavia, non sono costruite con cemento o mattoni, ma con magnifici materiali celesti, come oro e gioielli. Queste case non hanno le scale, ma soltanto ascensori, e a differenza di come li conosciamo su questa terra, non dovete premere il tasto, questi vanno automaticamente al piano che desiderate.

Fra coloro che sono stati rapiti in cielo, molti testimoniano di aver visto questo genere di appartamenti celesti, proprio perché hanno visitato il primo regno fra i molti luoghi del regno dei cieli. Queste dimore/appartamento hanno tutto il necessario per la vita, sono comode e confortevoli, chi vi abita non manca di nulla.

Ci sono strumenti musicali per coloro che amano la musica così che possano suonare e libri per coloro che amano la lettura. Ognuno ha il suo spazio personale estremamente accogliente in cui ci si può rilassare.

Ogni spazio è arredato e costruito secondo le preferenze di chi vi abita, ecco perché questo è un luogo di gran lunga più bello e appagante del paradiso, così pieno di gioia e comodità come sulla terra non potete neanche immaginare.

Giardini pubblici, laghi, piscine e molto altro

Poiché le case nel primo regno non sono abitazioni singole, ci sono giardini, laghi, piscine e campi da golf pubblici. Come sulla terra, chi vive in appartamenti condivide degli spazi collettivi come parchi, campi da tennis o piscine.

Queste proprietà pubbliche e comuni non sono mai fuori uso o rotte perché gli angeli ne curano la manutenzione costantemente aiutando i residenti ad usarle, in modo da evitare qualsiasi inconveniente.

Anche se non ci sono angeli assegnati ad ogni persona, essi si prendono cura di tutto il regno, delle strutture e di qualsiasi cosa occorra agli abitanti del primo cielo. Nel paradiso, invece, non ci sono angeli servitori, sebbene chi viva qui può ottenere l'aiuto degli angeli del primo cielo. Ecco un altro motivo per cui questo luogo è molto più felice del paradiso.

Per esempio, se desiderate mangiare della frutta intanto che chiacchierate con dei vostri cari mentre state comodamente seduti sulle panchine dorate che costeggiano il fiume dell'acqua della vita, gli angeli immediatamente ve la porteranno servendovi gentilmente. Poiché gli angeli aiutano e assistono i figli di Dio, la felicità ed la gioia qui sono ben differenti da quelle del paradiso.

Il primo regno è superiore al paradiso

Anche i colori ed i profumi dei fiori, la luminosità e bellezza del manto degli animali sono differenti da quelle del paradiso. Ciò è perché il Signore ha provveduto a tutto secondo il livello di fede di chi vive in ogni luogo del regno dei cieli.

Sulla terra abbiamo standard differenti di bellezza, gli esperti di fiori, ad esempio, giudicano la raffinatezza di un fiore attraverso test di varia natura. Nel regno dei cieli, i profumi dei fiori sono diversi secondo il luogo di dimora in cui si trovano, anche all'interno dello stesso posto, ogni fiore ha un profumo unico, in modo che chi abita in un determinato luogo, goda del suo aroma esclusivo. Naturalmente, anche i frutti hanno gusti diversi nei differenti luoghi di dimora del cielo.

Come vi preparate a servire un ospite importante? Proverete a soddisfarne il gusto in modo che sia grandemente appagato.

Allo stesso modo, il Signore ha provveduto a tutto, in modo che i suoi figli siano grandemente soddisfatti in ogni aspetto della loro vita celeste.

Chi entra nel primo regno dei cieli?

Come abbiamo visto, il paradiso è il posto del cielo per coloro che sono al primo livello di fede, che hanno creduto e sono stati salvati, ma non hanno fatto nulla per il regno del Signore. Ma chi godrà della vita eterna nel primo regno dei cieli che si trova sopra il paradiso?

Chi si sforza di agire secondo la parola del Signore

Il primo regno dei cieli è il posto per coloro che hanno accettato Gesù Cristo ed hanno provato a vivere secondo la sua Parola. Quando si è appena accettato il Signore si va in chiesa la domenica, si ascolta la sua Parola, ma ancora non si capisce bene cosa sia realmente il peccato e come eliminare la radice peccaminosa dal cuore attraverso la preghiera. Infatti, al primo livello di fede, essendo appena nati dall'acqua e dallo Spirito, si sente la gioia della salvezza, del primo amore, ma ancora non si comprende bene cosa sia il peccato perché non si è ancora scoperta la radice maligna che abita nel proprio cuore.

Poi, raggiungendo il secondo livello di fede, con l'aiuto dello Spirito Santo, comprendete cosa sia davvero il peccato ma anche la giustizia divina. A questo punto provi a vivere secondo la parola di Dio, ma non ci riesci sempre, sei come un bambino che impara a camminare: cammina e cade, continuamente.

Il primo regno dei cieli è il luogo per queste persone, per quelli che hanno provato a vivere secondo la Parola. A loro sarà data la corona eterna. Proprio come gli atleti devono gareggiare secondo le regole del gioco (2 Timoteo 2:5-6), i figli di Dio sono tenuti a combattere il buon combattimento della fede secondo la verità. Se ignorate i precetti del regno spirituale, che sono la legge del Signore, come un atleta che non gioca secondo le regole viene squalificato, la vostra sarà considerata una fede guasta, non sarete più considerati "in gara" e non vi sarà dato alcun premio.

A chiunque entra nel primo regno è data una corona eterna perché questi sono quelli che si sono sforzati di vivere secondo la parola di Dio sebbene le loro azioni non siano sempre state all'altezza. Tuttavia, è ancora una salvezza per il fuoco, perché sebbene si siano sforzati, questi credenti non hanno vissuto sempre secondo la Parola, hanno però sviluppato la fede necessaria ad ottenere il primo cielo.

Salvezza per il fuoco e le opere

Ma che cosa è esattamente "la salvezza per il fuoco"?
1 Corinzi 3:12-15 parla della prova del fuoco delle opere.

> *"Ora, se uno costruisce sopra questo fondamento con oro, argento, pietre preziose, legno, fieno, stoppia, l'opera di ciascuno sarà manifestata, perché il giorno la paleserà; poiché sarà manifestata mediante il fuoco, e il fuoco proverà quale sia l'opera di ciascuno. Se l'opera che uno ha edificato sul fondamento resiste, egli ne riceverà una ricompensa, ma se la sua opera è arsa, egli ne subirà la perdita, nondimeno sarà salvato, ma come attraverso il fuoco."*

In questo passaggio "il fondamento" è Gesù Cristo e significa che qualsiasi cosa sia stata costruita su questo fondamento, passerà la prova del fuoco.

Da un lato, le opere di coloro che hanno fede come l'oro, l'argento, o come pietre preziose, fede che rimane tale anche nelle prove più dure, perché questi credenti agiscono secondo la parola di Dio, pertanto le loro opere resistono e passano attraverso il fuoco. Dall'altro le azioni di quelli che hanno la fede come legno, fieno o paglia, le cui opere bruciano via quando arrivano le difficoltà perché non sono in grado di vivere secondo la Parola del Signore.

Praticamente in questi versi sono ben delineati i vari livelli, le misure della fede, l'oro è il livello più alto, il quinto, l'argento il quarto, le pietre preziose il terzo, il legno il secondo ed infine il fieno, il primo livello, la misura più bassa della fede. La fede relativa al legno ed il fieno è una fede piccola, che è debole, ma comunque viva. La paglia, invece, è proprio asciutta, è una fede senza vita, in pratica fa riferimento a coloro che sono totalmente privi di fede.

Di conseguenza, coloro che non hanno fede non hanno neanche la salvezza. Quelli invece la cui fede è come il legno ed il fieno, le cui le opere saranno bruciate via dalle prove, sono salvati, appunto la "salvezza per il fuoco." Questa fede non sarà ammessa dal Signore, il quale riconoscerà solo la fede come pietre preziose, come l'argento e come l'oro.

La fede senza azione è fede morta

A questo punto qualcuno potrebbe pensare: "...sono stato

un cristiano per molto tempo, di certo mi trovo al primo livello di fede ed entrerò, se non altro, nel primo regno dei cieli." Indiscusso, sarà così se hai in te la vera fede e, di conseguenza, se hai vissuto secondo la parola di Dio. Allo stesso modo, se infrangi la legge e non ti liberi del peccato, sia il primo cielo che il paradiso potrebbero essere fuori dalla tua portata.

La Bibbia vi chiede in Giacomo 2:14 *"...che giova, fratelli miei, se uno dice di aver fede ma non ha opere? Può la fede salvarlo?"* Senza le opere non sarai salvato, perché la fede senza le opere è morta. Quelli che non combattono contro il peccato non possono essere salvati, perché sono come quell'uomo che ha ricevuto la mina ed invece di farla fruttare l'ha nascosta. (Luca 19:20-26).

In questo passaggio la mina corrisponde allo Spirito Santo che il Signore dà in dono a tutti coloro che aprono il cuore ed accettano Gesù Cristo come personale Salvatore. Lo Spirito Santo vi permette di comprendere cosa siano il peccato, la giustizia ed il giudizio aiutandovi ad essere salvati e quindi ad andare in cielo.

Se vi professate credenti ma il vostro cuore non è circonciso e non seguite il desiderio dello Spirito, né vi comportate secondo la verità, lo Spirito Santo non rimane nel vostro cuore, vi lascia. Ma, se combattete contro il peccato e vi liberate della radice maligna presente nel vostro cuore e agendo secondo la Parola del Signore con l'aiuto dello Spirito Santo, il vostro cuore somiglierà al cuore di Gesù Cristo, che è in sé la verità assoluta.

Tutti i figli di Dio che hanno ricevuto lo Spirito Santo in dono devono santificare il proprio cuore, produrre i frutti dello Spirito Santo e raggiungere la salvezza perfetta.

Fisicamente fedele ma spiritualmente incirconciso

Il Signore una volta mi ha rivelato alcune cose riguardanti un membro della mia chiesa che era venuto a mancare e che era entrato nel primo regno dei cieli, facendomi comprendere profondamente l'importanza della fede accompagnata dalle azioni. Questo fratello aveva servito nella nostra chiesa nel reparto amministrativo per ben 18 anni senza aver mai una volta tradito la chiesa ed il ministerio nel suo cuore. Inoltre, essendo stato fedele in molte altre attività per il Signore gli fu dato il titolo di anziano di chiesa. Ha molto prosperato nei tanti affari commerciali che erano la sua attività secolare, dando la gloria al Signore in ogni cosa, chiedendosi sempre: "come posso far avanzare il Regno di Dio sempre di più?".

Purtroppo però, non riuscì sempre a camminare secondo la Parola, a volte ha rattristato il Signore non seguendo perfettamente la strada giusta a motivo dei suoi pensieri carnali, cercando spesso beneficio personale nel suo operato. Inoltre, non di rado si arrabbiava facendo commenti inappropriati sull'operato degli altri, disobbedendo così al Signore in questo aspetto della vita cristiana.

In altre parole, proprio perché fu "fisicamente fedele" ma il suo cuore non era circonciso – che è la cosa più importante – rimase al secondo livello di fede. Inoltre, se i suoi problemi personali e finanziari avessero persistito, non avrebbe di certo mantenuto la fede e si sarebbe compromesso con il mondo.

Alla fine, dato che la retrocessione della sua fede lo stava portando a perdere la salvezza, impedendogli anche di entrare in paradiso, il Signore lo chiamò a sé.

Tramite rivelazione il Signore mi ha comunicato che quest'uomo è grato a Dio per averlo chiamato a sé e si è pentito di molte cose, per aver ferito i sentimenti di altri ministri per non aver sempre seguito la verità, per aver così causato la caduta spirituale di molti, per aver offeso altri fratelli, per non aver agito sempre secondo la Parola del Signore. Ho potuto sentire che questo fratello, una volta in cielo, ha espresso al Signore molto rammarico per non essersi repentinamente pentito di tutto questo, ma che ora, vive felice perché il Signore lo ha preservato.

Inoltre, il Signore mi ha anche rivelato che questo fratello gli era molto grato per non essere stato inviato nel paradiso come anziano di chiesa, in quanto sarebbe stato per lui motivo di vergogna, ed anche che vivere nel primo regno dei cieli era per lui una felicità immensa perché la gloria di questo regno è molto maggiore della gloria del paradiso.

Ecco perché è di fondamentale importanza per voi circoncidere il vostro cuore piuttosto che sembrare fedeli, anziché avere titoli e riconoscimenti.

Il Signore conduce i suoi figli in migliore luogo di dimora del cielo attraverso le prove

Per essere in grado di vincere un atleta deve passare ore ed ore ad allenarsi, duramente. Così anche voi, vi troverete a fronteggiare prove per poter entrare in un luogo di dimora celeste migliore. Il Signore permette che i suoi figli passino attraverso delle difficoltà per guidarli in un posto del cielo migliore, e le prove a cui siamo sottoposti, possono essere classificate in tre categorie.

La prima: per vincere il peccato.

Per divenire dei veri figli di Dio, dovrete lottare contro il peccato fino al punto di sanguinare se necessario, in modo da eliminarlo dal vostro cuore completamente. Infatti, a volte, Dio punisce i suoi figli proprio perché invece di odiare il peccato e liberarsene, essi lo amano e persistono a vivere nel peccato (Ebrei 12:6). Come a volte i genitori puniscono i propri figli, in modo che imparino cosa sia giusto, il Signore permette che i suoi figli passino delle prove, per renderli perfetti.

La seconda: per rendere il vostro vaso completo e impartire benedizioni.

Quando il re Davide era bambino salvò il suo gregge da un orso, uccidendolo, e da un leone, sconfiggendo anche questo. Aveva così tanta fede da riuscire ad uccidere anche Golia, il gigante tanto temuto da tutto l'esercito d'Israele, con una semplice fionda e una pietra, contando esclusivamente sull'aiuto di Dio. Eppure, dopo questo incredibile evento, dovette attraversare una grande prova: il re Saul lo cercava per ucciderlo. Perché? A motivo della preparazione che Dio stava compiendo su di lui, lo stava rendendo un vaso adatto, lo stava trasformando in un grande re.

La terza: per far cessare l'ozio.

Vale a dire, che, spesso, se i credenti sono in pace, se la loro vita fila liscia come l'olio, molte volte non vivono vicino al Signore. Ad esempio: ci sono persone che si mostrano fedeli verso il regno di Dio, danno le loro offerte, e di conseguenza ricevono benedizioni finanziarie. Dopodichè, dopo qualche tempo, smettono di pregare, il loro entusiasmo per il Signore si spegne, e, se Lui li lasciasse vivere in questa condizione, essi potrebbero cadere e morire spiritualmente. Ecco perché Dio permette che attraversino delle prove, in modo che la loro mente sia riportata nuovamente ad una chiara lucidità spirituale.

E' necessario liberarsi dal peccato, comportarsi giustamente, essere un vaso confacente agli occhi di Dio, comprendendo qual è la vera intenzione del cuore del Signore quando permette che attraversiate delle prove.

A volte sento dei credenti dire: "Io voglio cambiare, ma non è per niente facile, ci provo ma non ci riesco...", ma non di rado chi dice queste cose in realtà non ha la passione e la volontà di apportare un cambiamento profondo al proprio cuore.

Se veramente volete cambiare velocemente, occorre solo comprendere spiritualmente e mettere in pratica la parola di Dio, perché saranno il Signore e lo Spirito Santo ad aiutarvi, donandovi la forza e la grazia di farlo. Se però vi limitate ad una conoscenza mentale della Parola, e non la praticate, diverrete solo orgogliosi, presuntuosi, e la salvezza diverrà per voi una questione difficile.

Spero con tutto il mio cuore che riceviate completamente le benedizioni incredibili che Dio ha preparato per ognuno di voi.

Ecco perché prego nel nome del Signore che non perdiate mai la passione e la gioia del primo amore, continuando a seguire il desiderio dello Spirito Santo, per conquistarvi una dimora celeste migliore.

Capitolo 8

Il secondo regno dei cieli

*Esorto gli anziani che sono fra voi io che sono anziano
con loro e testimone delle sofferenze di Cristo e che sono
anche partecipe della gloria che dev'essere rivelata:
pascete il gregge di Dio che è fra voi, sorvegliandolo non
per forza, ma volentieri, non per avidità di guadagno ma
di buona volontà, e non come signoreggiando su coloro
che vi sono affidati, ma essendo i modelli del gregge. E
quando apparirà il sommo pastore, riceverete la corona
della gloria che non appassisce.*

- 1 Pietro 5:1-4

Voglio dirvi una cosa: non importa quante informazioni
leggerete o ascolterete a proposito del cielo, non vi serviranno
a niente se non le comprendete con il cuore, se non ci credete.
Proprio come gli uccelli mangiano i semi dal terreno, Satana, il
nemico, cercherà di portare via la parola del cielo da voi (Matteo
13:19).

Se invece, ascoltate queste parole e le afferrate, se le seminate
nel vostro cuore, vivrete una vita di fede e speranza, darete un
notevole raccolto, producendo trenta, sessanta ed anche cento

volte tanto quello che avete piantato. Agirete e vi comporterete secondo la Parola, e non compirete il vostro dovere solo perché lo dovete fare, ma sarete santificati, sarete fedeli con il cuore alla casa di Dio.

Che posto è, quindi, il secondo regno dei cieli e chi vi accede?

Case personali e bellissime per ognuno

Ho già spiegato che quanti entrano in paradiso o nel primo cielo fanno parte dei salvati per il fuoco perché le loro opere non sussistono attraverso le prove.

Quelli che entrano e vivono nel secondo regno dei cieli, invece, possiedono la fede che vince le prove e per questo ricevono dei premi di gran lunga migliori di quelli donati nel paradiso o nel primo cielo, tutto in accordo con la giustizia di Dio che premia ognuno secondo ciò che ha seminato.

Quindi, se abbiamo paragonato la contentezza di quanti vivono nel primo regno a quella del pesciolino rosso senza pensieri che vive nel suo bel vaso di vetro, la felicità di chi trascorre l'eternità nel secondo cielo è di certo paragonabile a quella delle balene che vivono nell'Oceano Pacifico.

Approfondiamo quindi le caratteristiche del secondo regno dei cieli, in primo luogo esaminando le case e la vita sociale.

Una casa per ognuno

Le case del primo cielo, abbiamo visto, appaiono simili a degli appartamenti, invece, nel secondo cielo, sono completamente indipendenti, come degli edifici singoli e non reggono il paragone con nessuna villa o residenza di questo mondo. Sono grandi, maestose, magnifiche, decorate finemente, hanno tutte vasti giardini completi di fiori ed alberi.

Se abitate nel secondo regno dei cieli, non solo vi viene donata una casa, ma anche, annessa, una struttura a seconda di cosa vi piace di più, come ad esempio una piscina, decorata con diamanti e pietre preziose, oppure un laghetto; una sala da ballo, se vi piace ballare, un vialetto colmo di fiori e piante meravigliose e animali da compagnia se amate camminare.

E' stupendo certo, ma non potete avere tutto insieme (il lago, la piscina, il vialetto, etc) ma solo una struttura, relativa a quello che vi piace di più. Siccome ciò che ognuno possiede nel secondo regno dei cieli è differente, molto spesso, gli abitanti del secondo cielo si fanno visita, godendo di ciò che ognuno ha.

Se, ad esempio, chi ha la sala da ballo un giorno vuole nuotare, può fare visita al suo vicino che ha la piscina e sguazzare insieme a lui. Nel cielo tutti si servono l'un l'altro, non vi sentirete mai di troppo o rifiutati se andate a visitare qualcuno, al contrario, ricevere dei vostri vicini vi farà felici. Quindi, anche se ad ognuno è riservata una solo struttura extra, poco importa, perché potete fare visita agli altri e godere delle loro proprietà.

Il secondo regno dei cieli è molto migliore del primo per molti aspetti, però, non è come la Nuova Gerusalemme. Non vi sono angeli personali a servirvi, la grandezza, la bellezza e lo splendore delle case non è lo stesso, come i materiali ed i colori con cui sono costruite ed i gioielli con cui sono decorate.

Stemmi bellissimi e splendenti

Come dicevo, le case del secondo cielo sono personali e tutte hanno sulla porta uno stemma che identifica e parla del proprietario, ed occasionalmente, ce ne sono alcuni che oltre al nome di chi vi abita riportano anche il nome della chiesa in cui lui o lei hanno servito il Signore sulla terra. Lo stemma in questione è un'opera d'arte magnifica, che brilla di una luce meravigliosa, ed il nome di ognuno è scritto con lettere molto simili a quelle dell'alfabeto ebraico o arabo. Chiunque passa davanti alla vostra casa può quindi leggere ed esclamare con invidia celeste: "... oh, quindi qui vive 'yyyyyy', che ha servito nella chiesa 'xxxxx'!"

Ma perché in alcuni casi viene reso pubblico anche il nome della chiesa? Per rendere il giusto onore e la giusta gloria a tutti quei credenti che hanno servito nelle chiese che stanno costruendo un grande santuario spirituale, pronto a ricevere il Signore nell'aria nella sua seconda venuta.

In ogni caso, gli stemmi sulle porte sono una caratteristica solo del secondo regno dei cieli, perché sia nel terzo cielo che nella Nuova Gerusalemme non ci sono. Questo perché sono pochi i residenti del terzo cielo, e bastano la luce unica e l'aroma esclusivo che ognuno ha per riconoscere chi vive in una determinata casa.

Dispiacersi per non aver raggiunto la santificazione completa

A questo punto ci si potrebbe domandare se non sia sconveniente che in paradiso e nel primo cielo non vi siano case private ed invece nel secondo cielo tutti ne posseggono una. Sappiate innanzi tutto che in cielo non vi è nulla di improprio o sconveniente, e che pertanto nessuno si sente a disagio o scomodo nel vivere accanto a qualcun altro. Inoltre, in cielo, nessuno è avaro, tutti condividono quello che hanno con gli altri, non solo, sono pieni di gratitudine e considerano una grande fonte di felicità avere la possibilità di farlo.

Chi abita negli "appartamenti" e non ha nessuna proprietà privata non si sente né inferiore né dispiaciuto per quello che non possiede. Al contrario, tutti sono profondamente grati a Dio il Padre che ha dato loro molto più di ciò che meritavano, e per questo, la loro felicità non viene mai meno.

C'è in effetti, però, una cosa, un motivo di rammarico: non essersi sforzati maggiormente verso una completa santificazione durante la vita sulla terra. Sono spiacenti e si vergognano per non essere in grado di stare in piedi di fronte a Dio, per non aver eliminato ogni radice peccaminosa dal proprio cuore. Questo però non causa mai invidia di chi vive, ad esempio, nel terzo cielo, nessuno è mai geloso nel vedere le residenze grandiose o i premi gloriosi, si sentono solo dispiaciuti di non aver ricercato allo stesso modo la santità.

Siccome Dio è giusto, tu raccoglierai quello che hai seminato, e sarai premiato nel rispetto di ciò che hai fatto.

Ecco perché il tuo posto nel cielo ed il premio che riceverai sarà secondo la fede e la santità che hai raggiunto mentre vivi sulla terra, in base a quanto hai vissuto secondo la Parola, Egli ti premierà abbondantemente.

Se stai vivendo completamente secondo la parola di Dio, Egli ti darà tutto ciò che desideri quando arriverai in cielo. Se così non è, però, Egli ti premierà in proporzione a quanto hai fatto per Lui, sempre e comunque in una misura abbondante.

Quindi, non importa a quale livello del cielo voi entrerete, sarete grati a Lui in ogni caso per avervi dato molto più di ciò che meritate, per poter vivere eternamente circondati di gioia e felicità.

La corona della gloria

Il Signore, che elargisce ad ognuno largamente, dona la corona eterna a quanti vivono nel primo cielo, ma che corona spetta agli abitanti del secondo regno dei cieli?

Sebbene non abbiano raggiunto la piena santificazione, hanno reso gloria al Signore, facendo il proprio dovere, e quindi riceveranno la corona della gloria. Se leggete 1 Pietro 5:1-4 vedete chiaramente che la corona della gloria è un premio elargito a quelli che sono stati un esempio di fede secondo la Parola.

"Esorto gli anziani che sono fra voi io che sono anziano con loro e testimone delle sofferenze di Cristo e che sono anche partecipe della gloria che

dev'essere rivelata: pascete il gregge di Dio che è fra voi, sorvegliandolo non per forza, ma volentieri, non per avidità di guadagno ma di buona volontà, e non come signoreggiando su coloro che vi sono affidati, ma essendo i modelli del gregge. E quando apparirà il sommo pastore, riceverete la corona della gloria che non appassisce."

La ragione per cui qui dice "gloria che non appassisce" è perché tutte le corone in cielo sono chiaramente eterne e non appassiscono. In realtà in cielo tutto è eterno e non svanisce mai, neanche la corona che riceverete.

Chi entra nel secondo regno dei cieli?

Per farvi comprendere un po' meglio la geografia del cielo, vi faccio l'esempio di Seoul, la capitale della Corea del Sud. Attorno a questa grande città ci sono delle piccole città satelliti, ed intorno a queste, delle cittadine. Più o meno allo stesso modo, intorno al terzo cielo, all'interno del quale si trova la Nuova Gerusalemme, ci sono il secondo cielo, il primo cielo e il paradiso. Il primo cielo, abbiamo visto, è il luogo per quelli che hanno il secondo livello di fede ed hanno provato a vivere secondo la parola di Dio. Ma chi abiterà nel secondo regno dei cieli? Quelli che hanno raggiunto il terzo livello di fede e che non solo hanno provato, ma che realmente vivono secondo la Parola. Ma nello specifico questo cosa vuol dire?

Il secondo regno dei cieli: il luogo per chi non si è del tutto santificato

Se vivete secondo la Parola e compite il vostro dovere di credenti, ma il vostro cuore non è ancora del tutto santificato, vivrete nel secondo cielo.

Se siete belli, intelligenti e saggi vorrete di certo che i vostri figli vi somiglino, giusto? Allo stesso modo, Dio, che è santo e perfetto, desidera che i suoi veri figli siano simili a Lui, che Lo amino e pratichino i suoi comandamenti a motivo del loro amore per Lui, e non perché devono. Proprio come ognuno di noi fa delle cose difficili per amore delle persone a cui vuole bene, se nel tuo cuore ami veramente il Signore, osserverai i suoi comandamenti con la gioia nel cuore, ubbidendo incondizionatamente con felicità e gratitudine, facendo quello che Lui vuole che tu faccia, liberandoti del peccato, evitando di fare quello che Lui ti proibisce. In ogni caso, coloro che arrivano al terzo livello di fede ed entrano nel secondo cielo hanno vissuto secondo la Parola, ma non con la gioia nel cuore perché non hanno ancora raggiunto questa condizione d'amore per Lui.

Quando la Bibbia parla a proposito della carne, parla di opere (Galati 5:19-21) e di desideri (Romani 8:5). Nel momento in cui agisci secondo il male che è presente nel tuo cuore stai compiendo le opere della carne. La natura peccaminosa, non esternata, ma presente del cuore di ogni uomo, è invece definita desideri della carne.

Coloro che sono al terzo livello di fede si sono liberati delle opere della carne intese come azioni visibili dall'esterno, ma hanno ancora nel cuore i desideri della carne. Agiscono secondo la volontà del Signore, non fanno ciò che Lui richiede di non fare, ma la natura malvagia del proprio cuore non è ancora stata completamente estirpata.

Quindi, se vi comportate secondo la Parola ma il vostro cuore non è ancora del tutto santificato, entrerete nel secondo cielo. Quando parlo di "santificazione" mi riferisco allo stato in cui vi siete completamente liberati di ogni malvagità dal vostro cuore per tenerlo pieno solo ed esclusivamente di benignità.

Mettiamo ad esempio il caso che odiate una determinata persona. Ora, sapete benissimo che la parola di Dio dice di non odiare nessuno, e quindi, cercate di modificare questo sentimento, di non odiarla. Diciamo che come risultato dei vostri sforzi ci riuscite: non odiate più l'individuo in questione. Bene, sappiate che se non amate questa persona veramente nel vostro cuore, non siete ancora santificati.

Tutto questo significa che per crescere ed arrivare al quarto livello di fede, per passare dal terzo al quarto, è fondamentale sforzarsi per liberarsi dalla propria radice peccaminosa fino al punto di versare sangue se necessario.

Compiere il dovere di Dio per la sua grazia

Il secondo regno dei cieli è quindi il luogo per quelli che non hanno raggiunto la santificazione completa del cuore ma che hanno comunque compiuto interamente la volontà di Dio. Vorrei considerare a questo proposito la storia di un membro della nostra chiesa Manmin Joong-ang, una servitrice del Signore

161

che è morta durante gli anni di ministerio.

Arrivò nella chiesa con suo marito proprio l'anno in cui la fondammo, soffriva da anni di diverse malattie e ricevette la guarigione completa dopo che pregai per lei, e non solo, tutta la sua famiglia ottenne la salvezza. L'intera famiglia maturò nella fede e lei divenne una diaconessa della chiesa, suo marito un anziano e tutti i loro figli servono il Signore, chi come ministro di culto, chi come moglie di pastore, chi come missionario della lode.

Ciononostante, negli anni in cui servì la chiesa non si liberò completamente di ogni male dal cuore, pur compiendo il suo dovere di servitore del Signore, ma si pentì di questo per grazia di Dio proprio poco prima di morire. Si era ammalata ed io le feci visita per pregare per lei. Infatti, si riprese e si pentì, per vivere ancora un po' di tempo sulla terra. Poi morì. Il Signore mi ha rivelato che lei sta nel secondo regno dei cieli e mi ha permesso di sentire la sua storia dal momento in cui entrò in cielo.

Quando arrivò nel regno dei cieli, la sola cosa per cui si dispiaceva era di non essersi liberata completamente del peccato, di non essersi interamente santificata, ma anche di non avere mai dimostrato gratitudine verso il suo pastore che aveva pregato con amore per lei e la sua guarigione.

Inoltre, questa sorella aveva sempre pensato che, in considerazione di quanto compiuto nella fede, di come aveva servito il Signore e per le parole di sapienza che aveva impartito nel corso della sua vita, il suo posto celeste sarebbe stato di certo il primo cielo, finché non sia ammalò e comprese che non era affatto così. Come ho appena raccontato, si pentì e da quel momento in poi – non le era rimasto molto tempo da vivere - la sua fede crebbe rapidamente ed infatti le fu concesso il secondo cielo. Passò gli ultimi tempi in vita a pregare, preparando e distribuendo migliaia di volantini d'evangelizzazione nel suo quartiere, non pensò mai a sé stessa e servì il Signore fedelmente come non aveva mai fatto prima.

Una volta entrata nel secondo cielo, il Signore mi permise di vedere la sua casa, un grande edificio, tutto per lei, decorato meravigliosamente, con fiori ed alberi, incomparabile alle case di questa terra.

Certo, le case del secondo cielo confrontate con quelle del terzo cielo e della Nuova Gerusalemme sembrano delle capanne di paglia, ma lei era comunque piena di gratitudine e soddisfatta perché non credeva di meritarsi tanto. Desiderava inoltre che tramite la rivelazione che io stavo ricevendo, la sua famiglia fosse incoraggiata a servire ancora di più il Signore per poter abitare nella Nuova Gerusalemme.

Ecco cosa le ho sentito dire attraverso la rivelazione che il Signore mi ha permesso di udire:

"Il cielo è suddiviso molto accuratamente. La gloria e la luce di ogni luogo sono diverse, per questo vorrei che la mia famiglia si sforzasse di entrare nella Nuova Gerusalemme. Quanto bramerei poter dire ai miei familiari che sono ancora sulla terra quanta vergogna si prova a non essersi liberati del peccato completamente quando si giunge in cielo e si incontra Dio il Padre. I premi e le ricompense per chi abiterà nella Nuova

Gerusalemme, la maestosità delle case, tutto lì è invidiabile. Mi rammarico molto di non essermi completamente liberata da ogni male! Oh come vorrei che la mia famiglia sapesse tutto questo, per farsì che almeno loro si santifichino pienamente nel cuore ed entrino nella gloria della Nuova Gerusalemme".

Ecco perché vi imploro, vi supplico, santificate il vostro cuore e siate devoti ogni giorno della vostra vita verso il regno e la giustizia di Dio, con la speranza del cielo riposta nei vostri cuori, avanzando così, energicamente, verso la Nuova Gerusalemme.

Fedeli in tutto ma disubbidienti a motivo dei preconcetti di giustizia

Ora vorrei raccontarvi il caso di un altro membro della mia chiesa che amava il Signore profondamente, prodigandosi fedelmente nei suoi doveri di cristiana, e non riuscì ad entrare nel terzo regno dei cieli a motivo di alcune mancanze nella sua fede.

Giunse nella nostra chiesa a causa della malattia di suo marito, e dopo la salvezza, divenne un membro molto attivo nella comunità. Il marito di questa sorella fu condotto in chiesa in barella, dopo la preghiera ogni dolore era sparito, tant'è vero che tornò a casa sulle sue gambe. Che gioia! Immaginate la gratitudine di questa donna verso il Signore, per aver guarito suo marito, ed anche verso di me che avevo pregato per lui. Fu sempre fedele, tutta la vita, pregando per il regno di Dio, con ringraziamento, sia che fosse seduta, in piedi, sia che camminasse o cucinasse. Mostrò inoltre, sempre grande rispetto verso di me in quanto suo pastore.

Amava intensamente i suoi fratelli e sorelle in Cristo e per questo confortava sempre tutti, invece di richiedere conforto, si prendeva sempre cura di tutti, invece di domandare aiuto per sé. Il suo unico desiderio era quello di vivere secondo la parola di Dio e si sforzò di eliminare ogni male dal suo cuore, al punto di arrivare a stillare sangue. Mai questa sorella invidiò o desiderò i beni di questo mondo, si concentrò tutta la vita nella predicazione del Vangelo verso i suoi vicini e tutti quelli che conosceva.

A motivo di tanta fedeltà verso il regno di Dio e di tanta lealtà di cuore, ed ispirato dallo Spirito Santo, le chiesi di prendere il mio posto in chiesa di tanto in tanto. Sapevo per fede, che, se lo avesse fatto fedelmente, tutta la sua famiglia e suo marito sarebbero cresciuti spiritualmente.

Ciononostante, non riuscì ad obbedire, non accettò il mio invito perché riguardò alle circostanze ed i pensieri della carne la consumarono. Poco dopo morì, e la sua dipartita mi spezzò il cuore, e mentre pregavo il Signore, Egli mi permise di ascoltare la sua confessione dal cielo:

"Anche se ora sono pentita di non aver obbedito al mio pastore, l'orologio non può essere riportato indietro. Prego per il regno di Dio e per colui che è stato il mio pastore, e vorrei tanto poter proclamare ai miei cari fratelli e alle mie care sorelle che ciò che il pastore dichiara è la volontà di Dio, e disobbedire alla volontà del Signore è, insieme con la collera, tra i peccati più gravi. A motivo di ciò molti soffrono difficoltà e problemi, ed io sono stata encomiata per non essermi lasciata andare all'ira, mi sono umiliata, sforzandomi di ubbidire con tutto il mio cuore. Io sono diventata un suonatore di tromba per il Signore, ed il giorno in cui vedrò arrivare qui i miei fratelli e le mie sorelle amate sta per arrivare. Spero che i miei fratelli e le mie sorelle abbiano sempre la mente lucida e non manchi loro mai sapienza e che anche loro contino i giorni del ritorno del Signore".

La ascoltai confessare molte altre cose, e scoprii che la ragione per cui non fu condotta al terzo cielo fu la sua disobbedienza.

"Sono stata disubbidiente in diverse cose, fino al giorno in cui sono arrivata qui nel secondo regno dei cieli. A volte, ascoltando le predicazioni dicevo "No! No! No!" e non ho portato a termine ciò che mi toccava. Lo sapevo, mi riproponevo di fare ciò che dovevo quando sarebbero migliorate le mie circostanze, e così invece di obbedire, ho utilizzato la mia mente carnale. Che grande errore agli occhi di Dio!"

Inoltre, la sentii dire che in vita aveva invidiato i ministri che servono la chiesa nelle questioni finanziarie, perché pensava che il loro premio celeste sarebbe stato maggiore del suo. Una volta arrivata in cielo si rese conto che non è affatto così.

"No! No! No! Non è così. Solo quelli che agiscono secondo la volontà di Dio ricevono grandi ricompense e abbondanti benedizioni celesti. Quando un ministro fa uno sbaglio è un peccato molto più grave rispetto all'errore di un semplice nuovo membro di chiesa. I leader della chiesa devono pregare di più, devono essere più fedeli, devono insegnare meglio, devono acquisire l'abilità del discernimento. Ecco perché in uno dei quattro vangeli si mette in guardia dall'uomo cieco che guida un altro cieco, ecco il vero significato di "non tutti si innalzino ad insegnanti." Se un servitore del Signore si sforza a fare del suo meglio nella sua posizione sarà benedetto. Arriva presto, sta arrivando il giorno in cui ci incontreremo di nuovo come figli di Dio nel suo regno eterno.

Ecco perché tutti dovremmo liberarci completamente dalle opere della carne, divenire giusti e acquisire le qualifiche per essere la sposa del Signore, essere senza macchia e senza vergogna per presentarci di fronte a Lui."

Spero che ora possiate capire meglio perché è così importante obbedire non per senso del dovere ma guidati dalla gioia del cuore e dall'amore sincero verso Dio, santificando il proprio cuore. Inoltre, non siete e non dovete essere solo dei frequentatori di chiesa. Pensa alla tua vita, in quale regno dei cieli saresti condotto se il Signore chiamasse la tua anima ora? Sforzatevi di essere fedeli, di osservare i comandamenti secondo la parola di Dio, per essere completamente santificati e pronti per la Nuova Gerusalemme.

1 Corinzi 15:41 parla della gloria che ogni persona riceverà nel cielo. *"Altro è lo splendore del sole, altro lo splendore della luna ed altro lo splendore delle stelle, perché una stella differisce da un'altra stella in splendore."*

Tutti quelli che hanno ricevuto la salvezza godranno della

vita eterna in cielo. Tutti. Però, alcuni resteranno nel paradiso mentre altri vivranno nella Nuova Gerusalemme, secondo il livello di fede di ognuno, e, la differenza di gloria di questi luoghi è inesplicabile tant'è grande.

Prego nel nome del Signore che non restiate fermi nella misura di fede necessaria alla salvezza ma che siate come quel contadino che vendette tutto ciò che possedeva per comperare il campo in cui aveva trovato il tesoro. Che possiate vivere secondo la Parola e liberarvi di ogni male per entrare nella Nuova Gerusalemme e vivere nella gloria che splende come il sole.

Capitolo 9

Il terzo regno dei cieli

*Beato l'uomo che persevera nella prova, perché,
uscendone approvato, riceverà la corona della vita, che
il Signore ha promesso a coloro che l'amano.*

- Giacomo 1:12

Dio è Spirito, Egli è la bontà, la luce, è l'essenza stessa
dell'amore, ecco perché desidera che i suoi figli si liberino
completamente del peccato e di ogni malvagità. Gesù, venuto
nel mondo in forma di uomo, riuscì a presentarsi senza vergogna,
essendo Egli stesso Dio. Ma per divenire la sposa che riceverà il
Signore quali caratteristiche dovete possedere?

Per diventare vero figlio di Dio e sposa del Signore, e così
condividere il suo amore eternamente, è necessario che il vostro
cuore sia simile al cuore santo di Dio. Questo è possibile solo
attraverso la santificazione, vi dovete liberare completamente da
ogni male che è ancora presente in voi.

Il terzo regno dei cieli, che è il luogo per i figli di Dio che
sono santi e il cui cuore somiglia a quello di Dio, è molto, molto
diverso dal secondo cielo. Proprio perché il Signore odia il male
ed ama la bontà, riserva ai suoi figli che si sono santificati un

trattamento molto speciale. Ma in che misura si deve amare Dio per entrare nel terzo regno dei cieli? Che tipo di luogo è il terzo cielo?

Gli angeli servono ogni figlio di Dio

Come già sapete, le case del terzo cielo sono notevolmente più magnifiche e splendenti di quelle del secondo regno dei cieli, sono decorate con una quantità maggiore di gioielli e sono tutte dotate di quelle strutture extra che il proprietario desidera.

Inoltre, e questo vale solo dal terzo regno del cielo in su, ad ogni abitante vengono assegnati degli angeli per servirlo, i quali lo amano e lo soddisfano in ogni cosa.

Angeli "privati"

Parlando degli angeli Ebrei 1:14 dice: *"Non sono essi tutti spiriti servitori, mandati a servire per il bene di coloro che hanno da ereditare la salvezza?"*. Gli angeli sono dunque esseri puramente spirituali, assomigliano agli esseri umani in quanto anch'essi sono una creatura di Dio, ma non hanno né carne né ossa e non sanno cosa siano il matrimonio e la morte. Non hanno delle personalità particolari ed uniche, caratteristica questa esclusiva degli esseri umani, però, a differenza di questi ultimi, gli angeli dispongono di maggiore conoscenza e potenza. (2 Pietro 2:11)

Come dice anche Ebrei 2:22, in cielo ci sono migliaia di migliaia di angeli, un numero infinito. Inoltre, Dio li ha creati suddividendoli in ordini e gerarchie, assegnando ad ognuno compiti differenti con relative differenti autorità.

E' corretto quindi affermare che ci sono parecchie differenze tra le categorie di questi esseri spirituali. Sappiamo, infatti, che esistono, tra gli altri, angeli semplici, angeli soldato e gli arcangeli. Gabriele, ad esempio, che serve come "ufficiale civile" è colui che porta le risposte alle tue preghiere che riguardano il piano di Dio e le varie rivelazioni che Egli elargisce (Daniele 9:21; Luca 1:19, 1:26-27). Michele, l'arcangelo, che è un "ufficiale militare", è il comandante dell'esercito celeste, supervisiona le battaglie contro gli spiriti maligni ed a volte lui stesso in persona combatte per spezzare le linee nemiche delle tenebre (Daniele 10:13-14, 10:21; Giuda 1:9; Apocalisse 12:7-8).

Tra questi angeli vi sono anche quelli assegnati al servizio personale dei loro signori. Come abbiamo visto, nel primo e nel secondo cielo gli angeli a volte aiutano i figli di Dio, ma non sono assegnati al loro servizio personale o privato essendo principalmente addetti alla manutenzione generale del regno, curano i prati, le strade di fiori, le strutture pubbliche, eccetera, si assicurano che non ci siano inconvenienti. A questi, si aggiungono quelli che, sempre nel primo e nel secondo cielo, consegnano i messaggi.

A tutti i residenti del terzo regno dei cieli e della Nuova Gerusalemme, invece, sono assegnati degli angeli privati come ricompensa del loro amore immenso per Dio, perché lo hanno compiaciuto in ogni cosa. Inoltre, il numero degli angeli individuali assegnati varia in proporzione a quanto si somiglia al Signore, a quanto Lo si è soddisfatto con la propria obbedienza.

Se, ad esempio, un abitante della Nuova Gerusalemme ha una casa veramente molto grande, gli viene assegnato un numero infinito di angeli, perchè evidentemente chi abita qui ha portato molte persone alla salvezza ed il suo cuore somiglia moltissimo a quello di Dio. Per cui, avrà angeli che si prendono cura della sua casa, delle strutture annesse e di altre cose, altri che lo servono personalmente, tutti premi e ricompense.

Se dimorerai nel terzo cielo, non avrai soltanto molti angeli che ti servono, ma anche quelli che curano la tua casa, i tuoi ospiti, e quant'altro ti sia necessario. La tua gratitudine verso il Signore sarà immensa, perché, non solo sei nel terzo regno dei cieli servito dagli angeli, ma regnerai con Lui per sempre. Questa si che è una ricompensa eterna!

Magnifiche residenze e magioni

Le dimore del terzo regno dei cieli sono decorate con dei fiori e degli alberi che emanano un aroma unico, sono circondate da rigogliosi giardini e splendidi laghi pieni di pesci con i quali farete conversazione e condividerete amore. Non solo, alcuni degli angeli a voi assegnati suoneranno canzoni stupende per voi e i vostri ospiti, canzoni di lode per Dio il Padre.

A differenza dei residenti del secondo cielo a cui è riconosciuta una sola struttura extra, gli abitanti del terzo regno dei cieli ne possono avere tutte quelle che desiderano: campi da golf, piscine, laghi, viali da passeggiata, sale da ballo e quanto ancora potete immaginare. Non hanno bisogno di visitare i vicini per fare qualcosa che desiderano in quanto possono usufruire di tutto ciò che vogliono ogni volta che ne hanno voglia.

Le abitazioni del terzo cielo sono dei veri e propri edifici residenziali, magnifici e grandissimi, decorati finemente e preziosamente, nessun multimiliardario della terra potrebbe mai permettersi una casa simile.

Come avete già letto, non ci sono le targhe con i nomi sulle case del terzo cielo, perché si può riconoscere il proprietario dal profumo esclusivo che ogni casa rilascia, infatti l'aroma proviene direttamente dal cuore di chi la abita.

Inoltre, le dimore splendono di luce propria, più il proprietario assomiglia a Dio, maggiore sarà la lucentezza che la sua casa sprigiona.

Oltre al resto, a che abita nel terzo regno dei cieli, vengono donati anche diversi animali da compagnia, più amabili ed adorabili di quelli del primo e del secondo cielo. In dotazione ad ogni residente del terzo cielo, poi, ci sono le "nuvole mobili" così da poter trasportare i propri cari ed amici in viaggio senza limiti di tempo e spazio.

In poche parole, chi abita nel terzo regno dei cieli può praticamente avere e fare tutto ciò che vuole. La vita nel terzo cielo sorpassa ogni vostra possibile immaginazione.

La corona della vita

In Apocalisse 2:10 c'è la promessa della "corona della vita" che sarà donata a tutti quelli che sono stati fedeli anche fino alla morte per il regno di Dio.

"Non temere ciò che dovrai soffrire ecco, il diavolo sta per gettare alcuni di voi in prigione per mettervi alla prova, e avrete una tribolazione per dieci giorni Sii fedele fino alla morte e ti darò la corona della vita."

La frase *"sii fedele fino alla morte"* non si riferisce solo a quelli che sono morti da martiri a motivo della loro fede, ma anche a quelli che non si sono compromessi con il mondo, che si sono santificati completamente, liberandosi del peccato fino al punto di versare sangue. Il Signore premia tutti quelli che entrano nel terzo cielo con la corona della vita proprio perché sono stati fedeli fino alla loro morte ed hanno vinto ogni tipo di prove e difficoltà (Giamo 1:12).

Se gli abitanti del terzo cielo visitano la Nuova Gerusalemme, sul lato destro della loro corona della vita devono indossare un piccolo contrassegno tondo, una sorta di pass identificativo. Quando quelli del paradiso vanno in visita nel primo cielo, nel secondo cielo o nella Nuova Gerusalemme, gli viene posto un segno di identificazione sul lato sinistro del dorso. Anche in questo è ben visibile la differenza di gloria dei residenti del terzo cielo. Gli abitanti della Nuova Gerusalemme, invece, vivono sotto una cura speciale del Signore e non necessitano di alcun segno di riconoscimento, essendo loro i veri figli di Dio, trattati da Lui in modo straordinario.

Le case della Nuova Gerusalemme

Com'è immaginabile pensare, le dimore del terzo cielo sono

ben diverse da quelle della Nuova Gerusalemme in grandezza, bellezza e gloria.

Innanzi tutto, le proporzioni tra la casa più grande del terzo cielo e quella più piccola della Nuova Gerusalemme sono 60 a 100, vale a dire, che se la casa più piccola della Nuova Gerusalemme è di 100.000 metri quadrati, la più grande del terzo cielo è di 60.000 metri quadrati.

Anche nella Nuova Gerusalemme i palazzi non sono di identica dimensione, infatti, la loro grandezza dipende dal cuore gentile del proprietario della casa, da quante anime ha condotto alla salvezza, ma anche da quanto ha contribuito alla crescita della chiesa del Signore. Come ha detto Gesù in Matteo 5:5 *"Beati i mansueti, perché essi erediteranno la terra"*, volendo rimarcare che è il cuore gentile e mansueto di ognuno che determinerà l'estensione della propria eredità.

Nel terzo regno dei cieli ci sono case che superano i centomila metri quadrati e facendo le dovute proporzioni, riuscite ad immaginare quanto siano grandi le dimore della Nuova Gerusalemme? Oltre la misura, la bellezza e il design, anche i gioielli che decorano queste case sono straordinari e molto diversi da quelli degli altri livelli celesti, sia nelle dimensioni che nei colori. Sono così tanti e così diversi tra loro che è impossibile classificarli, tanto più che i colori di cui si compongono splendono e si sovrappongono dando vita a una luminosità unica.

Certo, anche i gioielli del terzo cielo sono splendidi, colorati e radianti, ciononostante, quelli della Nuova Gerusalemme sono di una varietà superiore, perché brillano di una luce particolare, ogni gioiello, infatti, ha più bagliori al suo interno formando così più fonti di luce, due o anche tre per una sola pietra.

Ecco perché i residenti del terzo cielo, guardando da fuori le mura della Nuova Gerusalemme, che è ripiena della gloria di Dio, desiderano essere lì e dichiarano:

"Se mi fossi impegnato un pochino di più e fossi stato più fedele alla casa di Dio..."

"Quanto vorrei sentire il Padre chiamare me per nome, una volta sola..."

"Oh, quanto vorrei essere di nuovo invitato a visitare la Nuova Gerusalemme..."

La felicità e la bellezza del terzo cielo sono inimmaginabili, ma niente tiene il paragone con la magnificenza e l'appagamento della Nuova Gerusalemme.

Chi può vivere nel terzo regno dei cieli?

Quando apri il tuo cuore ed accetti Gesù Cristo come tuo personale Salvatore, lo Spirito Santo inizia ad istruirti riguardo al peccato, alla giustizia, al giudizio, conducendoti così verso la comprensione della verità. Se obbedisci alla parola di Dio, se ti liberi del peccato e ti santifichi, allora la crescita spirituale della tua anima procede per il meglio e arrivi al quarto livello di fede.

Chi raggiunge quest'alta misura di fede ama Dio immensamente ed è di contro amato da Lui e può dimorare nel terzo regno dei cieli. Ma nello specifico, chi arriva al quarto livello di fede, chi sono quelli a cui è consentito l'accesso al terzo regno dei cieli?

La santificazione attraverso l'eliminazione di ogni male

Al tempo del Vecchio Testamento nessuno riceveva lo Spirito Santo e gli uomini non potevano eliminare la radice peccaminosa presente nel proprio cuore, perché è impossibile farlo con le proprie forze. A motivo di ciò era necessario compiere l'atto della circoncisione, e, amenochè il peccato non veniva manifestato tramite delle azioni, non poteva essere identificato o considerato tale.

Se desideravate uccidere qualcuno, non vi veniva considerato come peccato, almeno fin quando questo sentimento non si tramutava in azione. Solo se il pensiero arrivava all'esecuzione materiale, il peccato veniva considerato come commesso.

Oggi però, che è il tempo del Nuovo Testamento, se accetti il Signore Gesù Cristo, ricevi lo Spirito Santo e, con il suo aiuto, circoncidere il tuo cuore, solo così, potrai entrare nel terzo cielo.

Per entrare nel terzo regno dei cieli è necessario liberarsi completamente di ogni tipo di peccato, dell'odio, dell'adulterio, dell'avarizia e di tutti gli altri mali. Solo in questo modo si raggiunge la santificazione. Ma, qual'è l'uomo o la donna che può vantare di avere un cuore interamente santificato? Colui o colei che ha l'amore spirituale che l'apostolo descrive in 1 Corinzi 13, che produce tutti e nove i frutti dello Spirito come descritti in Galati 5, che mette in pratica le beatitudini di Matteo 5, in una frase, la cui santità somiglia a quella del Signore.

Voglio sin da subito chiarire, però, che, non importa quanto un uomo sia santificato e raggiunga la santificazione, quanto sia libero da ogni radice peccaminosa, nessuno può essere santo come Dio, il suo livello è un altro, Egli è l'origine della luce stessa, pertanto nessuno è o sarà mai pari a Lui.

Il primo requisito per essere santi è quello di avere un terreno buono, vale a dire, un cuore pronto. Ma come si trasforma il proprio cuore in suolo fertile? Semplice, facendo ciò che la Bibbia vi dice di fare e non facendo quello che la Bibbia proibisce. Solo in questo modo sarà seminato in voi un buon seme che produrrà buoni frutti. Come i contadini piantano solo dopo aver bonificato la terra, ciò che è stato seminato in voi germoglia, fiorisce e porta frutto nel fare ciò che il Signore vi chiede di fare, osservando quello che Lui vi chiede di osservare.

Ecco perché la santificazione è riferibile ad uno stato in cui siete stati ripuliti dal peccato originale, dai peccati che avete commesso, ma anche dalla natura peccaminosa vera e propria, attraverso l'opera dello Spirito Santo, tramite la nuova nascita con l'acqua e lo Spirito, dopo aver creduto nella potenza redentrice di Gesù Cristo. Ricevere il perdono dei propri peccati credendo nel sangue di Gesù Cristo è ben diverso dal volersi liberare, e gettare via, la natura stessa del peccato che è presente in ogni essere umano. Queste cose sono possibili attraverso l'aiuto dello Spirito Santo, pregando e digiunando ferventemente.

Accettare Gesù Cristo e diventare un figlio di Dio non rimuove in automatico ogni malignità dal tuo cuore. Infatti, ci sono ancora odio, orgoglio, ma anche altri peccati presenti, ognuno di voi sa quali, ed ecco perché è di fondamentale importanza riconoscere il male dentro sé tramite la parola di Dio e combatterlo, fino al punto di versare sangue se sarà necessario (Ebrei 12:4).

E' solo così che riuscirete ad eliminare le opere della carne per procedere verso la santificazione, quello stato in cui vi siete liberati non solo delle opere ma anche dei desideri della carne. Questo è il quarto livello di fede, la santificazione.

Perché Dio permise la prova di Giobbe?

Attraverso Giacomo 1:12 è possibile sapere che a volte il Signore manda delle dure prove onde permetterci di raggiungere la santificazione.

> *"Beato l'uomo che persevera nella prova, perché, uscendone approvato, riceverà la corona della vita, che il Signore ha promesso a coloro che l'amano."*

Il Vecchio Testamento ci presenta Giobbe come un uomo giusto, così retto nelle sue azioni che Dio stesso lo riconosceva come tale definendolo senza macchia, integro, che fuggiva il male (Giobbe 1:1).

Arrivò il giorno in cui Giobbe perse tutti i suoi figli e tutte le sue ricchezze, eppure, in questa dura prova non si lagnò mai, anzi, in ogni cosa, rese grazie e gloria a Dio.

Persistendo la prova, però, iniziò a lamentarsi, a chiedere a Dio perché gli stesse dando tanto dolore quando era sempre stato giusto e Lo aveva sempre onorato.

In effetti, anche noi ce lo chiediamo, perché un uomo che Dio stesso definiva giusto fu sottoposto ad una prova così dura? Come un orafo artigiano che desidera vedere i suoi gioielli perfetti, così il Signore attraverso la prova, volle modellare Giobbe per renderlo un vaso ancora più bello.

Infatti, anche Giobbe, quel Giobbe retto, integro e senza macchia aveva peccati nascosti nella sua natura, radici malvagie che neanche lui sapeva di possedere. Ecco perché l'Eterno permise che Giobbe attraversasse tutto ciò che sappiamo, per renderlo completamente santificato. Alla fine di tutto, dopo che Giobbe fu approvato, Dio lo benedisse dandogli il doppio di ciò che aveva prima che la prova iniziasse.

Liberarsi della natura peccaminosa per santificarsi

Ma esattamente cos'è la natura peccaminosa presente in ogni essere umano? Essa include e rappresenta la totalità dei peccati che sono stati commessi, ereditati attraverso il seme della vita dai genitori ai figli, sin dalla disobbedienza di Adamo. Prendiamo ad esempio un bambino di neanche un anno. Nessuno, tanto meno sua mamma gli ha mai insegnato ad essere geloso o ad odiare, eppure, se vede sua madre giocare suo fratello, il bimbo in questione cercherà di cacciare via il secondo figlio, inizierà a piangere pieno di rabbia, finché non otterrà ciò che vuole.

La ragione per cui anche un bambino di pochi mesi è in grado di agire in modo malvagio, sebbene nessuno glielo abbia insegnato, è proprio la natura peccaminosa intrinseca nella sostanza dell'essere umano. Crescendo poi, si iniziano a commettere peccati volontariamente e personalmente, rivelando attraverso delle azioni i desideri peccaminosi del cuore.

La nuova nascita è l'inizio della santificazione e la santificazione è il perfezionamento della nuova nascita, e, una volta santificati dal peccato originale e liberati della radice peccaminosa presente nel vostro cuore, dovreste iniziare anche a liberarvi delle azioni che conseguono i desideri peccaminosi. Se siete nati di nuovo, io spero che viviate una vita cristiana di successo, compiendo la vostra santificazione completamente.

Se veramente volete santificarvi e riacquistare l'immagine e la somiglianza di Dio che l'essere umano ha perso, facendo del vostro meglio, allora riuscirete a liberarvi della natura peccaminosa attraverso la grazia e la forza di Dio, con l'aiuto dello Spirito Santo. Ho fiducia che il vostro cuore somigli quanto più possibile al cuore santo di Dio, e per questo vi sprono: *"poiché sta scritto: «Siate santi, perché io sono santo»"* (1 Pietro 1:16).

Santificati ma non ancora fedeli in tutto e alla casa del Signore

Il Signore mi ha permesso di vedere e comunicare spiritualmente con una persona che è morta e che risiede nel terzo regno dei cieli. Ho visto i cancelli della sua casa, decorati con archi di perle, a motivo della sua vita di preghiera costante e perseverante, preghiera con lacrime e spargimento di cuore, mentre era sulla terra. Questa donna desiderava grandemente vedere il regno e la giustizia di Dio nella sua chiesa, e per questo ha speso la sua intera vita in preghiera, per la sua comunità ed i suoi leader spirituali con pianto e passione. Prima di incontrare il Signore era molto povera, viveva una vita misera, era considerata da tutti molto sfortunata, pensate, non possedeva neanche una catenina o un braccialetto d'oro per sè. Dopo aver accettato Gesù, iniziò immediatamente a correre spedita verso la santificazione, obbedendo alla verità, prestando molta attenzione alla parola di Dio. Inoltre, ricevette molti insegnamenti da un uomo di Dio, un ministro che Egli ama grandemente, rispettandolo e servendolo con fedeltà. Ecco perché a questa sorella è concesso abitare nel terzo regno dei cieli.

Poi, ho visto un gioiello molto spendente, che proviene dalla Nuova Gerusalemme, essere deposto sul suo palazzo celeste, un dono fattole proprio da quel minstro di Dio che lei aveva servito così amorevolmente sulla terra. Lui, che è morto ed ora vive nella Nuova Gerusalemme, ha preso questo ornamento prezioso dalla sua stessa casa per donarlo a lei, in segno di stima, riverenza e nostalgia del suo servizio. Molti residenti del terzo regno dei cieli vedono questo gioiello e godono del suo splendore.

Eppure, malgrado tanto onore, costei si rammarica di non poter accedere nella Nuova Gerusalemme, di non aver avuto la fede necessaria ad entrarvi e vivere per sempre insieme al Signore e al ministro che tanto fedelmente ha servito sulla terra, e a tutti gli altri fratelli e sorelle che conosce e sa che vivranno nella Nuova Gerusalemme. Se fosse stata ancora più fedele mentre era in vita, ora vivrebbe nella Nuova Gerusalemme, ma a motivo della sua disobbedienza, ha perso questa opportunità.

Certo, è felice e soddisfatta, profondamente commossa

della gloria che le è stata donata nel terzo regno dei cieli, perché considera immeritato ciò che ha ricevuto, e per questo l'ho sentita dichiarare quanto segue:

"Per non essere stata perfetta in ogni cosa, non vivo nella Nuova Gerusalemme che è il luogo ripieno della gloria del Padre, però, mi è stata data una dimora meravigliosa in un luogo stupefacente del regno dei cieli, proprio nel terzo cielo, e la mia casa è enorme e bellissima. Certo, le case della Nuova Gerusalemme sono ancora più grandi e magnifiche, ma alla mia non manca nulla, godo di così tante cose fantastiche e straordinarie che sulla terra non avrei neanche mai immaginato di possedere.

Non ho fatto nulla per meritare tutto questo, non ho dato nulla, non ho realmente aiutato nessuno, e se l'ho fatto, non è stato con la gioia del Signore nel cuore, eppure la gloria di cui dispongo qui in questo luogo stupendo è tale da produrre in me solo riconoscenza e gratitudine profonde. Rendo grazie a Dio per avermi permesso di abitare in questo posto glorioso, proprio qui, nel terzo regno dei cieli."

Coloro con la fede dei martiri

Più crescete nell'amore per il Signore e più il vostro cuore si santifica. Potrete vivere nel terzo regno dei cieli anche se la vostra fede sarà pari a quella dei martiri, che non è altro che il sacrificio completo e totale della vostra vita per il Signore.

I fratelli della chiesa primitiva sapevano bene cos'era il martirio,

183

molti infatti furono fedeli fino alla decapitazione, fino ad essere mangiati dai leoni nel Colosseo a Roma o bruciati vivi. Questi riceveranno in cielo il premio che spetta ai martiri della fede. Tenete in grande considerazione i martiri, in quanto è veramente molto difficile subire martirio e mantenere la fede sopportando persecuzioni e minacce feroci.

Attorno a voi, oggi, ci sono molti credenti che non rispettano neanche il giorno del Signore a motivo del loro desiderio per il denaro. Se non si è in grado di obbedire ad un comandamento così piccolo e semplice, come si può pensare di mantenere la fede in situazioni in cui è la vostra stessa vita ad essere minacciata. Sono veramente remote le possibilità che questi credenti divengano martiri della fede.

Ma chi sono quelli con la fede dei martiri? Coloro il cui cuore è giusto e non cambia sentimento, come Daniele del Vecchio Testamento, che al contrario di quelli dal cuore dubbioso, non cercano il proprio beneficio e non si compromettono con il mondo. Chi non ha questo tipo di sentimento e di fede, ha davvero scarse probabilità di diventare un martire. Daniele, infatti, mantenne alto il nome della propria fede ben sapendo che questo lo avrebbe portato nella fossa dei leoni, malgrado fosse stato tradito da persone malvagie, non si spostò un millimetro dalla verità, perché il suo cuore era puro e pulito.

Così come Stefano, dai racconti del Nuovo Testamento, che fu lapidato a morte mentre predicava il vangelo del Signore, anche lui un uomo santificato in grado di pregare e perdonare coloro che lo lapidavano malgrado fosse innocente. Quale pensate che sia l'amore che Dio ha per Stefano? Immenso. Infatti, questo primo martire camminerà accanto al Signore per tutta l'eternità nella sua bellezza e la sua gloria sarà tremenda. Ecco perché è fondamentale per voi comprendere che la giustizia e la santificazione del cuore sono importantissime.

Oggi ci sono pochissimi credenti con questo tipo di fede. Anche Gesù si domandò: *"Ma quando il Figlio dell'uomo verrà, troverà la fede sulla terra?"* (Luca 18:8). Se vi santificate, se mantenete la fede e vi liberate da ogni malvagità, pur vivendo in questo mondo di peccato, sarete dei figli preziosi agli occhi di Dio!

Vi imploro, nel nome del Signore, pregate a tempo e fuor di tempo santificando il vostro cuore, velocemente, riguardando solo alla gloria e alle ricompense che Dio il Padre vi darà nel regno dei cieli.

 Capitolo 10

La Nuova Gerusalemme

E io, Giovanni, vidi la santa città, la nuova Gerusalemme, che scendeva dal cielo da presso Dio, pronta come una sposa adorna per il suo sposo.

- Apocalisse 21:2

Nella Nuova Gerusalemme, che è in assoluto il luogo migliore dei cieli ed è ripiena della gloria di Dio, c'è il trono di Dio, i castelli del Signore e dello Spirito Santo e le case di quanti Lo hanno compiaciuto così tanto, quelli cioè con il livello più alto di fede.

Le dimore della Nuova Gerusalemme sono state preparate con immensa cura esattamente per come le desidera chi vi abiterà. Per risiedere nella Nuova Gerusalemme, che è trasparente e luminosa come il cristallo, e condividere da vicino l'amore vero di Dio per sempre, non dovete solo somigliare il più possibile al cuore puro di Dio ma anche aver compiuto per intero il vostro dovere, come ha fatto Gesù.

Che luogo è dunque la Nuova Gerusalemme e a chi è concesso abitare qui?

Chi risiede nella Nuova Gerusalemme vede Dio faccia a faccia

La Nuova Gerusalemme, a volte chiamata anche la Città Santa, è bella come una sposa che si è preparata ad incontrare lo sposo. Chi vi risiede ha il privilegio unico di incontrare Dio faccia a faccia perché il suo trono è qui.

A volte è anche chiamata la città di gloria in quanto entrando nella Nuova Gerusalemme riceverete la gloria eterna da Dio in persona. Le mura della città sono di diaspro, essa è interamente costruita in oro puro, così incontaminato da somigliare al vetro, ha tre cancelli per ognuno dei suoi lati: a nord, a sud, a est e ad ovest, ad ogni cancello è di guardia un angelo e le 12 fondamenta della città sono ognuna di una pietra preziosa diversa.

12 cancelli di perla

Vi siete mai chiesti perché i cancelli della Nuova Gerusalemme sono di perla? L'ostrica resiste per lungo tempo alle intemperie, impiegando tutto il suo succo per una sola perla. Allo stesso modo, voi dovete impiegare tutta la vostra forza, fino a sanguinare se necessario, ed essere fedeli fino alla morte per liberarvi dai vostri peccati, sviluppando perseveranza e auto controllo. Dio ha fatto i cancelli di perla perché per entrare nella Nuova Gerusalemme devi vincere le circostanze avverse con gioia compiendo la sua volontà per te anche se questo significa camminare per la via stretta.

Quando un credente entra nella Nuova Gerusalemme,

versa lacrime di gioia ed entusiasmo, esprimendo tutta la sua gratitudine e dando la gloria al Signore che lo ha condotto fino in quel luogo.

Desidero anche dirvi la ragione delle dodici fondamenta innalzate ognuna su un gioiello differente: perché la combinazione dell'insieme dei significati relativi ad ogni pietra compone l'essenza del cuore di Dio il Padre.

Ogni gioiello rappresenta quindi una caratteristica spirituale di Dio che voi dovete ricercare e compiere nel vostro cuore per entrare nella Nuova Gerusalemme. Nel mio secondo libro "Cielo II: Ripieno della Gloria di Dio" spiegherò in dettaglio queste caratteristiche.

Le case della Nuova Gerusalemme perfette in unità e varietà

Come abbiamo visto fin'ora, le case della Nuova Gerusalemme sono dei veri castelli sia in grandezza che in magnificenza, opere uniche, costruite nei riguardi dei gusti e delle preferenze di chi le abita, e, nella loro varietà sono in perfetta unità. La gloria di ogni casa, che supera ogni possibile descrizione, si esprime attraverso i vari colori e la luce emanata da ogni gioiello di cui si compone. Infatti, è facile riconoscere chi abita in una casa della Nuova Gerusalemme solo guardandola. Inoltre, dalla luce e dalla gloria che esprimono i gioielli posti su ogni dimora si può comprendere quanto chi vi abita abbia compiaciuto il Signore in terra.

Ad esempio, la dimora di chi è stato un martire avrà decorazioni particolari e sulla casa stessa saranno affissi gli atti e quanto raggiunto dal proprietario fino al giorno del martirio. Gli atti da affiggere sono intagliati in una targa d'oro che splende grandemente, e più meno sarà così: "Il proprietario di questa casa è stato un martire, compiendo pienamente il volere del Padre in questo anno _____ questo giorno _____ questa ora _____."

Questa targa prestigiosa sarà ben visibile anche dal cancello, tanta la luce che emana, e tutti quelli che la vedono piegheranno il capo. La gloria dei martiri sarà grande in cielo, così come il loro premio, è un orgoglio e una gioia davanti a Dio essere un eroe della fede.

Come già sapete, in cielo non vi è né invidia ne malvagità, pertanto in modo automatico tutti piegano la testa di fronte a tanta gloria, davanti a chi è così amato da Dio. Inoltre, il Signore stesso presenta a tutti i residenti della Nuova Gerusalemme una targa d'encomio per celebrare il servizio meritorio che gli hanno reso, ogni targa diversa in luce ed aroma.

Non solo, Egli provvede in ogni casa qualcosa simile alla nostra televisione attraverso cui i residenti possono guardare eventi del passato e ricordarsi della vita sulla terra.

La corona d'oro e della giustizia

Se abiterete nella Nuova Gerusalemme, in pratica, vi verrà data una casa personale e la corona d'oro, la corona di giustizia, il premio più ambito e meraviglioso del cielo, che è donata in base alle proprie azioni.

E' Dio in persona che elargisce questo premio a chi entra nella Nuova Gerusalemme, davanti al suo trono circondato dai 24 anziani, ognuno dei quali indossa la corona d'oro.

"E intorno al trono c'erano ventiquattro troni, e sui troni vidi seduti ventiquattro anziani vestiti di bianche vesti; e sul loro capo avevano delle corone d'oro." *(Apocalisse 4:4)*

Certamente in questo passaggio il termine "anziano" non fa riferimento ad un titolo ricevuto sulla terra dalla propria chiesa, ma a quanti sono giusti agli occhi di Dio, quelli che Lui riconosce come tali. Un uomo spirituale e giusto è colui che nel cuore ha un santuario, che ha eliminato completamente ogni malvagità. Il numero 24 sta a significare la completezza di tutti quelli che sono passati dal cancello della salvezza per fede come le dodici tribù di Israele e si sono santificati completamente come i dodici discepoli di Gesù. Quindi, i "24 anziani" sono i figli di Dio che Egli riconosce come fedeli in tutto verso la sua casa.

Tutti quelli che possiedono una fede come l'oro, la fede che non cambia mai e non dubita mai, riceveranno la corona d'oro, quelli che aspettano e bramano il ritorno del Signore come l'apostolo Paolo, riceveranno la corona della giustizia.

"Ho combattuto il buon combattimento, ho finito la corsa, ho serbato la fede. Per il resto, mi è riservata la corona di giustizia che il Signore, il giusto giudice, mi assegnerà in quel giorno, e non solo a me, ma anche a tutti quelli che hanno amato la sua apparizione." *(2 Timoteo 4:7)*

Quanti aspettano il secondo ritorno del Signore vivranno senza dubbio nella luce e nella verità, essendosi già preparati come dei vasi ad onore per essere la sua sposa. Ecco perché riceveranno la corona che gli spetta.

L'apostolo Paolo non fu mai sopraffatto malgrado le persecuzioni e le difficoltà, anzi, compì la giustizia divina in ogni cosa, espandendo grandemente il regno di Dio. Ovunque andò la gloria di Dio fu sempre rivelata tramite il suo lavoro e la sua perseveranza. Ecco perché il Signore ha preparato per lui e per quanti bramano la sua apparizione la corona della giustizia.

Ogni desiderio sarà esaurito

Ogni cosa che hai amato sulla terra, tutte quelle attività che desideravi intraprendere, tutto ciò che non hai fatto o hai lasciato andare per servire il Signore, Egli te lo ridarà come ricompensa nella Nuova Gerusalemme.

Ecco perché le case del cielo hanno ogni cosa che il proprietario desidera, per permettergli di fare tutto quello che avrebbe voluto fare ma ha lasciato andare per amore del Signore. Alcune case hanno dei laghi così grandi da poterci andare in barca, altre hanno dei boschetti, per fare lunghe passeggiate, altre giardini e angoli relax dove poter invitare i propri cari a prendere un the. Altre residenze hanno immensi prati verdi coperti da fiori morbidi dove si può camminare e cantare lodi insieme a degli uccellini e a tanti altri animali meravigliosi.

In questo modo il Signore ha reso possibile che in cielo tu abbia ogni cosa che avresti voluto avere o fare ma non hai potuto per Lui. Quanto sarà grande il vostro amore nello scoprire che Lui provvede ad ogni dettaglio, nello scoprire la grande cura che ha di ognuno di voi!

Di per sé già entrare nella Nuova Gerusalemme è una grande ragione di contentezza, essendo questo un luogo di eterna felicità gloria e bellezza. Ovunque i vostri occhi si poseranno, sia sui prati che nel cielo della Nuova Gerusalemme, i vostri occhi si riempiranno di gioia e splendore.

Vivere nella Nuova Gerusalemme significa stare in pace, comodi, sicuri perché questo è il luogo che Dio ha preparato per quelli che ama teneramente. Ogni angolo di questa città è permeato dal suo amore!

Sia che camminiate, che riposiate, che giocate, che mangiate o che parliate, sarete pieni di felicità. Gli alberi, i fiori, l'erba, anche gli animali sono pieni d'amore, i castelli, le decorazioni dei muri, ogni struttura trasuda di gloria e magnificenza.

Nella Nuova Gerusalemme, l'amore di Dio il Padre è come una fonte inesauribile che vi riempie di soddisfazione, gratitudine e gioia.

Vedere Dio faccia a faccia

Nella Nuova Gerusalemme, che è il luogo del cielo dal più alto livello di gloria, bellezza e felicità, potrete incontrare Dio faccia a faccia, camminare con Lui e vivere per sempre con i vostri cari.

Sarete ammirati non solo dall'esercito celeste, ma anche da tutti gli altri residenti del cielo, e gli angeli che vi sono stati assegnati vi serviranno come dei re, soddisfacendo ogni vostro desiderio perfettamente. Se volete andarvene in giro volando per il cielo, immediatamente la vostra nuvola-mobile sarà da voi.

Entrare nella Nuova Gerusalemme significa principalmente avere il privilegio di incontrare il Signore da molto vicino, stare con i vostri amati per sempre, e vedere realizzato ogni desiderio. Vi sembrerà di essere i principi o le principesse delle favole.

Partecipare ai banchetti della Nuova Gerusalemme

Nella Città Santa ci sono sempre dei banchetti, a volte li ospita il Padre, a volte il Signore, a volte lo Spirito Santo, sono l'espressione completa della gioia, dell'abbondanza, e della bellezza del cielo.

Quando partecipate a questi pranzi solenni organizzati dal Padre indosserete l'abito migliore che vi è stato donato con tutte le decorazioni, avrete cibi succulenti e bevande squisite da gustare, godrete di musica, danze e lodi incantevoli, o danzerete direttamente per Lui per compiacerlo.

Gli angeli, tecnicamente, sanno danzare e cantare meglio degli umani, ma Dio si compiace grandemente dell'aroma che il cuore dei suoi figli emana quando lo lodano.

Coloro che hanno servito il Signore nel servizio dell'adorazione sulla terra, come quelli che lo hanno servito nella danza e con gli strumenti musicali, lo faranno anche in cielo, proprio durante questi banchetti, così che l'atmosfera sia felice.

Ai banchetti della Nuova Gerusalemme indosserete quegli abiti morbidi e decorati da tanti gioielli brillanti che avete ricevuto come premio, e sarà anche il momento per indossare la vostra corona, e arriverete al luogo del banchetto nella vostra nuvola mobile o treno d'oro, scortati dagli angeli. Mi chiedo se a questo punto il vostro cuore non inizi a battere solo immaginando tutto questo!

Festa in crociera sul mare di cristallo

Il meraviglioso mare celeste è ripieno di acqua cristallina e purissima, una brezza leggera muove onde gentili e la sua superficie è sempre brillante. In questo mare trasparente nuotano molte specie di pesci, sempre ospitali verso tutti quelli che li chiamano, muovono le pinne e mostrano loro amore.

Non solo, nel mare celeste ci sono coralli dai colori splendenti che arroccati in gruppi ondeggiano dolcemente, e ad ogni movimento, liberano una luce coloratissima, molte piccole isole si affacciano in questo oceano, e la vista è meravigliosa, spettacolare! Se così non bastasse, navi da crociera come il "Titanic", sulle quali sono ospitati ricchi banchetti, solcano queste acque.

I transatlantici in questione sono equipaggiati con ogni sorta di struttura, inclusi alloggi confortevoli, sale da bowling, piscine, saloni da ballo e molti altri ancora, così che i viaggiatori possano godere di ogni bene.

Immaginate che felicità, che celebrazioni si terranno su queste navi, che sono ben più grandi, magnifiche e meglio decorate delle navi da crociera della terra, insieme al Signore e ai vostri cari. Questa si che è un'immagine di gioia.

Chi entra nella Nuova Gerusalemme?

Coloro la cui fede è come l'oro, che bramano l'apparizione del Signore e che si preparano come sua sposa, pronta per la Nuova Gerusalemme. Ma in pratica, come si traduce questo per voi? Che tipo di persona devi diventare per entrare nella Nuova Gerusalemme che è limpida e meravigliosa come il cristallo e ripiena della grazia di Dio?

Coloro con la fede che piace a Dio

La Nuova Gerusalemme è il luogo per coloro che hanno raggiunto il quinto livello di fede, e che, non solo hanno interamente santificato il proprio cuore, ma che sono stati fedeli in tutto alla casa di Dio.

La fede che piace a Dio è quel tipo di fede che lo soddisfa pienamente, che assolve le Sue richieste ed i Suoi desideri prima ancora che Egli chieda.

Come si può piacere completamente Dio? Vi farò un esempio pratico. Diciamo che un padre, che ha due figli, ritorna a casa dopo il lavoro e dice di avere sete, ed è notorio che al papà piacciono le bibite gassate. Il primo figlio gli porta un bel bicchierone di Coca Cola o di Sprite, e gli fa pure un messaggio sulle spalle anche se il padre non glielo aveva chiesto. L'altro figlio gli porta un semplice bicchiere d'acqua e torna nella sua stanza. Chi dei due sarà il figlio che compiace di più questo padre, che comprende meglio il suo cuore?

Il padre si compiacerà non tanto del secondo che ha obbedito freddamente portandogli un misero bicchiere d'acqua, ma nel primo che è andato al di là di ciò che lui aveva richiesto.

Allo stesso modo, la differenza tra chi entra o non entra nel terzo regno dei cieli sta proprio nella misura in cui si è compiaciuto il cuore del Padre e si è rimasti fedeli alla sua volontà.

Spirito integro e cuore secondo il Signore

Coloro che possiedono la fede che piace a Dio, riempiono il proprio cuore di verità, soltanto della verità, e sono sempre fedeli alla casa di Dio, il che vuol dire compiere il proprio dovere al di là di ciò che viene richiesto, con la fede di Cristo, che obbedì alla volontà del Padre fino alla morte, senza curarsi della propria vita.

Quindi, quelli che sono fedeli alla casa di Dio non compiono il proprio dovere con la mente ed i pensieri ma lo fanno dal profondo del cuore, un cuore spirituale, secondo il cuore di Dio. Paolo l'apostolo descrive il cuore del Signore in Filippesi 2:6-8.

> *"[Gesù], il quale, essendo in forma di Dio, non considerò qualcosa a cui aggrapparsi tenacemente l'essere uguale a Dio, ma svuotò se stesso, prendendo la forma di servo, divenendo simile agli uomini; e, trovato nell'esteriore simile ad un uomo, abbassò se stesso, divenendo ubbidiente fino alla morte e alla morte di croce."*

In cambio di ciò, Dio il Padre lo ha innalzato, gli ha dato

un nome al di sopra di ogni altro nome, e lo ha fatto sedere alla destra del suo trono, donandogli l'autorità di Re dei re, Signore dei signori.

Proprio come Gesù, anche voi potete obbedire al volere di Dio incondizionatamente, attraverso la fede che vi condurrà nella Nuova Gerusalemme. Chi vivrà nella Nuova Gerusalemme deve essere in grado di comprendere anche la profondità del cuore di Dio, deve compiacergli in tutto ed essere fedele fino al punto di morire per compiere la sua volontà.

Dio raffina i suoi figli per portarli ad avere una fede come l'oro e poter così entrare nella Nuova Gerusalemme. Come un minatore che lava e filtra terra per lungo tempo in cerca di una pepita d'oro, Dio osserva la trasformazione dei suoi figli. Li vede divenire anime meravigliose, pulite dal peccato, lavato via dalla sua Parola, ed ogni qual volta che uno dei suoi si è finalmente raffinato e la sua fede è come l'oro, Egli gioisce nel pensare al dolore, all'agonia alle sofferenze che ha sofferto per la coltivazione umana.

Coloro che entrano nella Nuova Gerusalemme sono i veri figli di Dio, quelli che Lui si è guadagnato aspettando pazientemente che il loro cuore diventasse il suo cuore, che diventassero integri di spirito come Lui è. Queste anime sono molto preziose per Lui, ed Egli li ama immensamente. Ecco perché la Parola ci esorta così: *"Ora il Dio della pace vi santifichi egli stesso completamente; e l'intero vostro spirito, anima e corpo siano conservati irreprensibili per la venuta del Signor nostro Gesù Cristo."* (1 Tessalonicesi 5:23)

Martirio compiuto con gioia del cuore

Essere un martire significa dare via la propria vita, il che richiede una grande devozione ed una ferma determinazione, in cambio di tale sacrificio però, la gloria e l'onore che i martiri riceveranno in cielo superano ogni vostra immaginazione.

Vorrei chiarire che tutti coloro che vivranno nella Nuova Gerusalemme hanno la fede necessaria a divenire martiri, ma, quelli che realmente lo sono stati riceveranno una gloria maggiore. Se le tue condizioni di vita non ti condurranno al martirio, per ricevere l'onore, la gloria e le ricompense che ottengono i martiri della fede, dovresti santificarti completamente e compiere appieno il la volontà di Dio.

Una volta il Signore mi rivelò la gloria che riceverà nella Nuova Gerusalemme un ministro di mia conoscenza, quando avrà compiuto per intero il suo martirio da eroe della fede.

Quando raggiungerà il cielo, dopo aver compiuto il suo dovere, verserà lacrime di gratitudine infinite nel vedere qual'è la casa che il Signore gli ha preparato. Infatti, all'entrata della sua dimora celeste, appena superati i cancelli, c'è un giardino immenso e rigoglioso, pieno di fiori, alberi e decorazioni. Da questo giardino fino all'entrata del suo palazzo principale il sentiero è tutto d'oro. I fiori che costeggiano questo viale cantano le lodi del loro padrone, confortandolo e ricordando tutto ciò che ha fatto per il Signore attraverso il loro profumo squisito, uccelli dalle piume d'oro risplendono ed alberi esuberanti decorano questo immenso giardino. Moltitudini di angeli, animali di ogni specie ed anche gli uccellini lodano le azioni di questo martire accogliendolo, ogni volta che cammina nel suo parco. L'amore che questo martire ha per il Signore è tangibile da tutti perché si mostra sotto forma di essenza aromatica squisita che profuma tutto ciò che lo circonda. Questo servo di Dio dichiara la sua gratitudine costantemente dicendo:

"Il Signore mi ha amato così tanto dandomi un compito così prezioso sulla terra. Ecco perché ora vivo qui nell'amore del Padre!".

Le mura esterne della sua casa riportano delle parole, diciture scritte da Dio in persona dove sono descritti i tempi delle prove, quando e come è diventato un martire e in che circostanze quest'uomo di Dio compì il volere divino. Nel momento stesso del martirio, spesso gli eroi della fede proferiscono parole di lode, frasi che glorificano Dio, le loro ultime parole. Anche queste sono scritte all'esterno delle mura della casa, ed ogni frase splende grandemente tanto che chi le guarda ne resta impressionato, e a chiunque le legge trasmettono gioia e felicità. Chiunque viene in visita a questa casa, si piega davanti alle parole dei muri esterni, perché è il dito di Dio che le ha scritte! Non siete anche voi impressionati da tutto questo? Dio in persona che scrive sul muro delle dimore dei martiri!

Internamente la sua casa è decorata da molti gioielli preziosi, e sui muri carneli dal colore vermiglio e zaffiri splendenti formano luci straordinarie. I carneli sono stati posti a testimonianza di ciò che ha compiuto con entusiasmo dando la sua vita con amore appassionato, come Paolo l'apostolo. Gli zaffiri, poi, rappresentano il suo cuore integro e vero fino alla morte, fino al martirio.

Sui muri del salone di questa casa si trovano degli schermi e dei murali, su cui si possono ammirare scene della vita del martire, come si è comportato dal giorno della salvezza in poi, quanto ha amato il Signore, ogni opera che ha compiuto ed il suo cuore rispetto a queste azioni.

In un angolo del suo giardino ho visto attrezzi per praticare ogni tipo di sport, fatti di un materiale meraviglioso, anche questi decorati così finemente che la nostra immaginazione umana non riesce a concepire. Il Signore gli ha donato la palestra in questione per confortarlo, visto che in terra amava molto lo sport, ma a motivo del ministerio di Cristo, non ha potuto più praticarlo. I manubri degli attrezzi sono di un metallo speciale e di pietre preziose, non certo come quelli che trovate nelle palestre terrene. Pensate, e questo è proprio incredibile, che i pesi cambiano da sé secondo chi ci si esercita. Questa palestra non serve a tenersi in forma ma per conforto e memoria. Come pensate che quest'uomo si senta guardando a tutto quello che Dio ha preparato per lui? Certo, sulla terra ha abbandonato ogni suo desiderio per servire il Signore, ma ora il suo cuore riceve conforto e la sua gratitudine verso Dio Padre è infinita. Ecco perché non smette mai di ringraziarLo con lacrime per la cura così delicata che il Signore ha avuto nel preparargli tutto questo, non ha dimenticato nulla!

Unità con il Signore e con Dio

Nella Nuova Gerusalemme, come Dio mi ha mostrato, c'è una

casa che è grande come un'intera città, ma così grande, così bella e così splendente che nel vederla fui grandemente sorpreso.

Questa residenza smisurata ha 12 cancelli, 3 per ogni lato (nord, sud, est ed ovest), nel centro si erge un castello a tre piani decorato con oro puro ed ogni genere di pietra preziosa.

Al primo piano si apre un salone così sconfinato che è impossibile vedere dove inizia e dove finisce, tutt'intorno ci sono tante sale per incontri vari e banchetti. Al secondo piano si trovano tante stanze, per le corone – per metterle in vista e conservarle – per i vestiti, per i souvenir ed anche per ricevere i profeti che fanno visita alla casa. Il terzo piano è utilizzato esclusivamente per gli incontri con il Signore e per condividere il suo amore.

I muri del castello sono coperti da fiori che rilasciano un profumo meraviglioso, tutt'intorno fluisce quieto il fiume della vita e nuvole a forma di arco dai colori dell'arcobaleno servono da ponte per attraversare il fiume.

Il giardino è ricolmo di fiori e di alberi ed il prato morbido completa il quadro di bellezza. Dall'altro lato del fiume una foresta sconfinata si allarga a dismisura.

Questa residenza include anche un parco dei divertimenti dove si possono trovare molte giostre tra cui anche il treno di cristallo, la girandola d'oro e molte altre decorate con pietre preziose e gioielli, tutte risplendono di luci fantastiche quando sono in movimento. Costeggia il luna-park una strada fiorata, e alla fine di questo percorso si erge una piana infinita dove animali giocano e riposano pacificamente.

A parte il castello centrale, questa residenza include molte altre case e molti palazzi, guarniti con gioielli che illuminano di luci misteriose tutta l'area. Vicino al giardino si eleva anche una cascata che sfocia nel mare, appena dietro la collina, dove è possibile ammirare una nave da crociera come il "Titanic" che fa rotta tranquilla. Quanto descritto sinora è tutto parte di una sola residenza, tant'è vero che questa casa è una vera attrazione turistica non solo per i residenti della Nuova Gerusalemme ma per tutti gli abitanti del regno dei cieli. Vengono qui per stare bene, per godere della presenza di Dio e condividere il suo amore. Angeli dal numero infinito servono il proprietario di questa residenza, si occupano della manutenzione di tutte le strutture annesse e scortano la nuvola-mobile, lodando Dio con danze, musica e canti. Tutto studiato per raggiungere il livello più alto di felicità e confort.

Dio ha preparato questa casa perché il suo proprietario ha superato ogni tipo di prova e difficoltà con fede, speranza ed amore, ha condotto un numero smisurato di persone alla salvezza con la Parola della vita ed il potere di Dio, amandoLo sopra ogni cosa.

L'Iddio d'amore si ricorda di ogni tuo sforzo e di tutte le tue lacrime e ti ripagherà per tutto ciò che hai fatto per Lui. Egli desidera che tutti siano uno con Lui e con il Signore, e che attraverso l'amore divino che tutto dona, diveniate degli operai nel campo del Signore, per guidare quante più anime possibili sulla via della salvezza.

Solo quelli con la fede che piace a Dio sono uniti con Lui e con il Signore, e questo è possibile solo attraverso l'amore incondizionato che dona tutto, anche la vita, ecco perché possono donare la propria divenendo martiri.

Questi sono coloro che amano Dio ed il Signore veramente, quelli che rifarebbero tutto, anche se non vi fosse nessun cielo da ereditare, perché il loro cuore gioisce nel compiere il Suo volere e fare la Sua volontà.

Certo, le persone con la vera fede vivono nella speranza della loro ricompensa celeste, come dice Ebrei 11:6 *"Ora senza fede è impossibile piacergli, perché chi si accosta a Dio deve credere che egli è, e che egli è il rimuneratore di quelli che lo cercano,"* ma anche se non ci fosse nessuna ricompensa, se non ci fosse alcun cielo, a loro non importerebbe perché hanno qualcosa di più prezioso: incontreranno Dio il Padre e il Signore. Se non fosse così qualsiasi premio o dimora sontuosa non basterebbe a soddisfarli. Nel donare la propria vita, anche senza ricevere nessuna ricompensa, questi uomini e queste donne mostrano l'amore incondizionato che provano verso il Padre ed il Signore. Che grande gloria e che preziose ricompense riceveranno nel cielo!

L'apostolo Paolo, che bramava l'apparizione del Signore, che si prodigava per il suo regno, che ha portato così tanti alla salvezza, dichiara quanto segue:

> *"Infatti io sono persuaso che né morte né vita né angeli né principati né potenze né cose presenti né cose future, né altezze né profondità, né alcun'altra creatura potrà separarci dall'amore di Dio che è in Cristo Gesù,*

nostro Signore." (Romani 8:39).

La Nuova Gerusalemme è il luogo che Dio ha preparato per tutti quei figli che vivono uniti al Padre tramite questo tipo di amore. La Nuova Gerusalemme, che è limpida e splendente come il cristallo, dove sgorgano gioia e felicità è stata preparata per quanti amano Iddio così.

Il Padre d'amore desidera che tutti siano salvati e crescendo in somiglianza a Lui che è santo e perfetto possano entrare e vivere nella Nuova Gerusalemme.

Io prego nel nome del Signore che comprendiate che realmente Egli è andato in cielo a preparare delle stanze per voi, che realmente sta tornando e che per questo dovete essere senza macchia ed integri di spirito per essere quella sposa meravigliosa che può dichiarare: "Vieni presto, Signor Gesù".

Note sull'autore
Dott. Jaerock Lee

Il Dott. Lee è nato nel 1943, a Muan, in provincia di Jeonnam, nella Repubblica della Corea. Intorno ai vent'anni iniziò a soffrire di varie malattie incurabili. Dopo sette anni di sofferenza e senza alcuna speranza di guarigione, non gli restava che aspettare la morte. Un giorno, nella primavera del 1974, fu condotto in una chiesa da sua sorella e come si inginocchiò per pregare, l'Iddio vivente lo guarì immediatamente da tutte le sue malattie.

Dall'istante in cui ha incontrato l'Iddio vivente attraverso quell'esperienza meravigliosa, lo ha amato con tutto il suo cuore e tutta la sincerità di cui era capace. Nel 1978 fu chiamato ad essere un servitore di Dio. Seguì un periodo di preghiera profonda in modo da comprendere e compiere chiaramente la Sua volontà. Nel 1982, ha fondato la Chiesa Centrale del Ministerio Manmin in Seoul, Sud Corea e compiuto innumerevoli opere per mano di Dio, incluse guarigioni miracolose e molti miracoli.

Nel 1986, Il Dott. Lee è stato ordinato pastore durante la Riunione Annuale della Jesus' Sungkyul Church of Korea, e quattro anni più tardi nel 1990, i suoi sermoni cominciarono ad essere trasmessi in onda dalla Far East Broadcasting Company, dalla Asia Broadcast Station, and the Washington Christian Radio System fino in Australia, Russia, Filippine e molte altre nazioni.

Tre anni più tardi nel 1993, la Manmin Central Church è stata nominata tra le «50 Chiese più grandi del mondo» dal periodico cristiano *Christian World Magazine»* (Stati Uniti). Inoltre, il Dott. Lee ha ricevuto un Dottorato Onorario presso l'università cristiana, «Christian Faith College»,

Florida, Stati Uniti e nel 1996 un Dottorato Ministeriale presso l'università teologica «Kingsway Theological Seminary», Iowa, Stati Uniti.

Dal 1993 il Dott. Lee ha intrapreso la direzione di una visione missionaria mondiale esplicitandola attraverso crociate all'estero, di cui alcune svoltesi a Los Angeles, Baltimora, New York (Stati Uniti), Tanzania, Argentina, Uganda, Giappone, Pakistan, Kenia, la Filippine, Honduras, India, Russia, Germania, Perù, nella Repubblica Democratica del Congo, Israele e Estonia. Nel 2002 molte riviste e giornali cristiani in Corea lo hanno definito «pastore mondiale» in riferimento al suo lavoro missionario all'estero.

Ad oggi, agosto 2014, la Chiesa Manmin Centrale è una congregazione che conta oltre 120.000 membri e 10.000 chiese affiliate, nazionali ed estere, ha commissionato più di 123 missionari in 23 paesi, inclusi Stati Uniti, Russia, Germania Canada, Giappone Cina, Francia India, Kenia ed altri.

Fino a questo momento Il Dott. Lee ha scritto 93 libri, inclusi i best-seller: *Gustare la Vita Eterna prima della Morte, La Mia Vita, La Mia Fede, Il Messaggio della Croce, La Misura della Fede, Cielo I e II, Inferno, e La potenza di Dio*, tradotti in più di 76 lingue.

Il Dott. Lee è attualmente fondatore e presidente di un notevole numero di organizzazioni missionarie, oltre ad essere il presidente della chiesa «United Holiness Church of Jesus Christ», delle missioni mondiali Manmin, del «GCN», network coreano di televisioni cristiane, del «WCDN» il primo network mondiale di medici e dottori cristiani e del «MIS» il seminario internazionale del ministerio Manmin.

Il Cielo II: Riempito con la Gloria di Dio

Uno schema dettagliato dell'ambiente meraviglioso che i cittadini del cielo godranno immersi nella gloria di Dio

Il Messaggio della Croce

Un messaggio potente e rinvigorente per tutti quelli che sono spiritualmente sonnecchianti. In queste pagine troverete l'amore vero di Dio e le ragioni per cui Gesù è l'unico Salvatore

Inferno

Un messaggio serio a tutta l'umanità, da Dio in persona, il quale desidera che nemmeno un'anima perisca e cada nelle profondità dell'inferno! Scoprirete la realtà crudele dell'Hades e dell'inferno come nessuno ve l'ha mai raccontata prima.

Gustare la Vita Eterna Prima della Morte

La testimonianza tratta dalle memorie personali del Reverendo Dr. Jaerock Lee, che, nato di nuovo, è stato salvato dalla valle della morte per poi vivere una vita cristiana esemplare

La Misura della Fede

Quale regno, quale corona e quale ricompensa sono state preparate per voi in cielo? Questo libro provvede, con sapienza e rivelazione, una guida alla comprensione del concetto di "misura di fede" per maturare nella tua fede